家庭教育
指导师

幼小卷

家庭教育难题
60解

本书编写组　著

中国言实出版社

图书在版编目（CIP）数据

家庭教育难题60解.幼小卷 / 本书编写组著. -- 北京：中国言实出版社，2023.5
ISBN 978-7-5171-4468-7

Ⅰ.①家… Ⅱ.①本… Ⅲ.①学前教育－家庭教育
Ⅳ.①G78

中国国家版本馆CIP数据核字（2023）第081493号

家庭教育难题60解（幼小卷）

责任编辑：张天杨　史会美
责任校对：王建玲

出版发行：中国言实出版社
　　　　　地　址：北京市朝阳区北苑路180号加利大厦5号楼105室
　　　　　邮　编：100101
　　　　　编辑部：北京市海淀区花园路6号院B座6层
　　　　　邮　编：100088
　　　　　电　话：010-64924853（总编室）　010-64924716（发行部）
　　　　　网　址：www.zgyscbs.cn　　电子邮箱：zgyscbs@263.net

经　　销：新华书店
印　　刷：北京温林源印刷有限公司
版　　次：2023年5月第1版　　2023年5月第1次印刷
规　　格：880毫米×1230毫米　　1/32　　9印张
字　　数：152千字

定　　价：42.00元
书　　号：ISBN 978-7-5171-4468-7

编 委 会

序

北京青年政治学院党委书记　杨志成

家庭教育既是一门具有综合学理性的理论学科，也是一项具有广泛实践性的家庭日常生活活动。因此，推进家庭教育工作，既要从学理性层面深入系统研究和建构，也要从实践角度全面系统总结提炼，有效指导实践。这本《家庭教育难题60解》的家庭教育指导性专著，充分体现了实践性特色，必将对当前我国家庭教育的科学有效实践起到引导作用。

党的十八大以来，习近平总书记高度重视学校教育、家庭教育和社会教育的有机结合，针对家庭教育，提出了一系列新理念、新思想、新观点，为推进新时代我国家庭教育新发展提供了根本遵循和行动指南。

本书编写过程中遵循以下几点：

一是要充分感悟家庭教育的重要地位。从家长和教育者视角认识家庭教育之于个人、家庭和社会的重大意义。在全国教育大会上，习近平总书记用"四个第一"，生动形象地论述了家庭教育在人生发展和事业发展中的重要地位。习近平总书记指出，办好教育事业，家庭、学校、政府、社会都有责任。家庭是人生的第一所学校，家长是孩子的第一任老师，要给孩子讲好"人生第一课"，帮助扣好人生第一粒扣子。"四个第一"鲜明阐释了家庭教育的地位和价值，这是每一个家庭、每一位家长都要认真体会，并亲自践行的教育职责。

家庭是第一所学校。这是从人的终身教育理论深度，提出了家庭的重要教育职责和定位。作为第一所学校，家庭从诞生开始，就具有先天的教育职责。这是对每一个组建家庭的成年人的职责要求。当一个成年人准备成为家长的时候，要同时思考和认识能否承担起家庭这个第一所学校的责任。

家长是孩子的第一任老师。这是从家长的教育义务角度，提出了家长的教育职责和教育角色。这意味着每一位家长都要具有教育情怀，了解和学习教育理论和技能，尤其是对婴幼儿的教育理论和基本技能。每一名家长都要从教育子女的过程中提升自己作为第一任老师的责任感、使命感，提升专业素养和能力。但从现实看，几乎所有的家长都没有经过相对专业的家庭教育培训。因此，对大多数家长来说，家庭教育是业余的事情。由于缺少专业指导，很多家长在家庭教育中很不专业，很痛苦，甚至造成了家庭悲剧。

讲好"人生第一课"。这是对家庭教育内容的要求，也是对家庭教育本质的要求。家庭教育的本质就是人生教育，也就是教孩子如何做人、如何成长、如何度过人生。尤其是青少年和儿童时期，家庭教育是形成儿童世界观、人生观、价值观的关键环节。因此，家长为孩子讲好"人生第一课"将决定孩子一生的发展。

扣好人生第一粒扣子。家庭教育为孩子讲的人生第一课，就如同扣扣子，第一粒扣子扣对了，以后的扣子就会都扣对。如果衣服的第一粒扣子扣错了，就要解开重新扣。但如果人生的第一粒扣子扣错了，那么以后连重新扣的机会可能都没有了。因此，家庭教育对人的成长具有重要的、不可替代的作用。

二是要充分把握家庭教育的科学方法论。如何做好家庭教育？

首先是注重家庭、家教和家风建设。在会见第一届全国文明家庭代表时，习近平总书记提出了"注重家庭、家教、家风"的重要论述。其中对家庭教育做了系统阐述。家庭教育最重要的是品德教育，是如何做人的教育。

其次是家庭教育要重言传、重身教，教知识、育品德，身体力行、耳濡目染。要积极传播中华民族传统美德，传递尊老爱幼、男女平等、夫妻和睦、勤俭持家、邻里团结的观念，倡导忠诚、责任、亲情、学习、公益的理念，推动人们在为家庭谋幸福、为他人送温暖、为社会作贡献的过程中提高精神境界、培育文明风尚。

全社会要担负起青少年成长成才的责任。教育部门和妇联部门要研究建立家庭教育专业课程，为指导家长做好家庭教育提供理论和技术支持。

三是要充分理解家庭教育与学校教育的协调关系。近年来，家长和学校教育的关系出现多元价值发展的倾向。有的家长不信任学校和教师，也有的学校和教师疏远对家长的沟通，弱化家庭教育指导。习近平总书记在北京八一学校考察时强调，基础教育是全社会的事业，需要学校、家庭、社会密切配合。学校要担负主体责任，对学生负责，对学生家庭负责。家长要尊重学校教育安排，尊敬老师创造发挥，配合学校搞好孩子的学习教育，同时要培育良好家风，给孩子以示范引导。

习近平总书记从家庭和学校的各自角色阐述了

各自的育人职责。为做好新时代家校沟通交流机制，开展好家庭教育指导提供了依据和指导。

四是要从法律层面了解新时代我国家庭教育的部署和要求。2021年10月23日第十三届全国人民代表大会常务委员会第三十一次会议通过《中华人民共和国家庭教育促进法》，自2022年1月1日起施行。第一次以国家法律方式，界定并明确了家庭教育的概念和实施责任主体。家庭教育成为一项有法可依的公共性事务。该法第二条指出，本法所称家庭教育，是指父母或者其他监护人为促进未成年人全面健康成长，对其实施的道德品质、身体素质、生活技能、文化修养、行为习惯等方面的培育、引导和影响。第四条指出，未成年人的父母或者其他监护人负责实施家庭教育。这就明确了未成年人的父母或监护人的家庭教育义务和责任。从这个意义上说，本书正是对《中华人民共和国家庭教育促进法》贯彻落实的实践支持，有利于广大家长从实践层面更好地贯彻法律义务，担当家庭教育的责任。

当前，我国正在开启全面建设社会主义现代化国家的新征程，国家对人才的渴望比以往任何时候都更加强烈，家庭教育是为孩子扣好人生第一粒扣子的关键环节。相信本书一定会对广大家长和教师起到实践指导和参考作用，一定会对丰富中国特色家庭教育学起到助力作用。感谢各位作者的辛苦付出！祝每一个家庭都幸福和谐，每一个孩子都在幸福家庭中健康、快乐成长！

杨志成

2023 年 4 月

目 录

第一篇章	家长向家庭教育指导师咨询学生各类问题，寻求解决办法

学 前 组

003 / 幼儿在家与在幼儿园表现差异较大，一学本领就哭闹怎么办？

007 / 幼儿的自理能力弱，遇事不愿意自己动手，依赖性强怎么办？

010 / 幼儿在外人面前表现乖巧，在家里霸道怎么办？

015 / 隔代人配合教育时，孩子变成两面派怎么办？

018 / 孩子总是以哭闹要挟方式达成某种目的怎么办？

021 / 我家孩子看到小昆虫,如蚂蚁、蚯蚓,都要踩死它。问他为什么,他说不为什么,就想踩死他。我引导过,没有什么用,怎么办?

023 / 幼儿对于一件事情的坚持性和应对挫折能力较弱。当一件事情做两遍及以上还没有达到目的的时候,就会发脾气,怎么办?

028 / 孩子回到家后总讲述不清幼儿园的情况,作为家长感到很焦虑,怎么办?

032 / 孩子总抢别人的玩具,怎么办?

035 / 孩子不愿意与同龄小朋友一同玩游戏,总伤害其他小朋友,怎么办?

038 / 如何培养孩子能有较强的适应能力?

小学组

041 / 孩子不喜欢和同龄人一起玩怎么办?

046 / 孩子总说"我不行",我该如何帮助他克服畏难情绪?

049 / 疫情期间,孩子渐渐对手机产生依赖,怎样帮助解决?

054 / 高年级男生学习动力不足,每天自己慢慢悠悠地写作业,根本没时间看课外书,没时间完成其他课外任务。我着急但是孩子不急,怎么能让孩子有学习的动力?

059 / 孩子做事拖沓,写作业磨蹭,效率低,怎么办?

064 / 孩子在校在家表现不一致,与妈妈经常发生冲突,怎么办？

068 / 孩子突然不愿意去上学了，怎么办？

071 / 学习上孩子接受不了别人比自己优秀怎么办？

075 / 孩子回家后从不跟家长聊学校里发生的事，怎
么办？

078 / 孩子进入青春期开始叛逆，家长如何与孩子
相处？

084 / 孩子在学校不爱说话，怎么办？

088 / 孩子上了高年级，不愿意和家长说学校的事情了，
怎么办？

093 / 孩子做事磨蹭，怎么办？

097 / 孩子平时在课间不和班里的同学一起活动玩耍，
怎么办？

100 / 孩子学习成绩很好，但凡事以自我为中心，怎
么办？

104 / 学习生活中，如果遇到孩子情绪不稳定乱发脾气，
我们该怎么办？

108 / 如何帮助孩子树立信心？

111 / 孩子做什么都不感兴趣，怎么办？

116 / 孩子学习不主动，总是需要家长督促，怎么办？

120 / 孩子注意力不集中，做事学习很拖沓，怎么办？

学前组

127 / 孩子不愿意接受他人的建议，一言不合就发脾气怎么办？

130 / 幼儿不愿意表达自己的想法，总怕说错，对自己缺乏自信怎么办？

135 / 当孩子遇到挫折或困难时，习惯于依赖他人的帮助，在得不到直接帮助时，普遍会放弃怎么办？

139 / 孩子在幼儿园表现得很强势，对人不友好，怎么办？

144 / 游戏中，幼儿总想赢，输了情绪就低落，怎么办？

147 / 孩子在幼儿园不与小朋友们玩儿，自己玩儿自己的，有时候还会发呆，怎么办？

150 / 幼儿回家后表达问题有误，家长只相信幼儿的一面之词，怎么办？

154 / 幼儿遇到自己未经尝试的活动或老师提出的挑战第一反应就是说"我不会"，如何通过家园共育帮助幼儿解决？

157 / 孩子在幼儿园活动中专注力很弱，很容易被别人影响怎么办？

160 / 幼儿在园不愿意表达自己的想法，只愿意回家和
家长表达，怎么办？

163 / 幼儿在园里紧张，尤其是在大家面前说话的时候
就会不自觉地吃头发、咬手指，怎么办？

小 学 组

167 / 孩子总是回避问题和困难怎么办？

172 / 孩子在校总想让老师和同学认可自己的想法和行
为，否则就会闷闷不乐，或者故意扰乱课堂秩序
怎么办？

174 / 孩子在校总是欺负弱小同学，家长怎样配合纠
正？

179 / 孩子对很多事情都提不起精神，如：不愿意参加
班级活动；下课就精神，上课就昏昏欲睡怎么办？

183 / 孩子在学校不能遵守纪律，总和同学产生矛盾，
追跑打闹，动手打人，怎么办？

188 / 孩子比较胆小，上课不敢发言，不善于与同伴交
往怎么办？

192 / 孩子在学校总是打人，习惯用武力解决问题怎
么办？

197 / 孩子在学校总拿同学东西怎么办？

202 / 孩子心思过于敏感、脆弱，抗挫折能力差怎么办？

206 / 高年级，老师发现班里有孩子出现青春期的萌动
（向喜欢的同学表白）该不该和家长沟通？如何
沟通？

210 / 学生在学校打架了，被打的学生和家长情绪比较激动，怎么和打人的学生家长沟通？

213 / 课间，孩子总在楼道追跑打闹，老师屡次教育也没有改变，怎么和家长谈？

216 / 发现孩子在校被孤立，怎么和家长沟通？

220 / 怎样与家长配合帮助孩子养成良好的卫生习惯？

224 / 在单亲家庭中，孩子缺少母爱，父亲应该怎么办？

228 / 孩子屡次偷拿别人的东西，怎么办？

231 / 孩子在科任课犯错误后被批评感觉委屈，如何有效与家长沟通？

235 / 孩子在学校总是欺负同学，如何引起家长重视？

239 / 孩子觉得家长对自己很宽松，没有太高要求，所以面对老师布置的学习任务，总是能推就推，怎么办？

243 / 孩子情绪控制较弱，经常会因为一些小矛盾痛哭，或者动手去打同学怎么办？

247/ 校长读后感

第一篇章

家长向家庭教育指导师
咨询学生各类问题,
寻求解决办法

学 前 组

幼儿在家与在幼儿园表现差异较大，一学本领就哭闹怎么办？

东四五条幼儿园　陈月

先了解孩子的基本情况。孩子几岁了？性格怎么样？在家出现这种畏难情绪的情况多吗？基本都是在什么情况下出现这样的？从中分析出孩子畏难的原因，这种畏难情绪是恐惧困难的一种心理状态。具体表现是，遇到困难采取退缩、躲避的态度，缺乏面对困难的勇气，没有解决困难的信心，不采取积极主动的行为解决问题。儿童阶段的畏难情绪主要表现在学习及生活上。

有以下几个原因：

一、缺乏安全感和自信心

当孩子学习一个新的本领时，需要家长的鼓励以及耐心的教授，家长的言语、表情、动作会直接促进幼儿安全感的形成。另外，家长的鼓励也是必不可少的，当家长在幼儿出现问题或者出现畏难情绪时及时鼓励幼儿，会使幼儿对自己更有信心。如果幼儿出现畏难情绪时，家长一味地呵斥、打骂，严厉要求幼儿做一些事，孩子的畏难情况会更加严重。

二、不会表达自己的想法

对于一些性格内向的幼儿来说，他们在遇到困难时不会表达自己的情绪和想法，只会以哭闹来宣泄自己的情绪。有时幼儿运用哭闹的方式是想得到成人对自己的关注。

三、所学的本领超出了幼儿自己的能力范围

孩子出现畏难情绪，有一部分原因是孩子间的个体差异较大，幼儿学习的这项本领对于他自己来说，超出了自己的能力范围，担心自己做不好，需要家长的鼓励和帮助，必要时给予示范教授。

根据分析的原因给予以下几点建议：

一、营造温暖、轻松的环境，让幼儿形成安全感和信赖感

家长要以欣赏的态度对待幼儿，给幼儿营造温暖、宽松的学习氛围，以游戏的学习形式为主，选择幼儿比较能够接受的方式让其进行本领的学习，多去发现幼儿的优点，多去鼓励幼儿，使幼儿在这一过程中形成初步的安全感。

二、引导幼儿学会恰当的表达和调控情绪

从描述中分析幼儿所处的年龄段多数应该是中小班的幼儿，其3—4岁年龄特点是不能很好地控制自己的情绪，常会为小事大哭小闹。而4—5岁幼儿的年龄特点是会有强烈的情绪反应，但能够在成人的帮助下平静下来。家长应允许幼儿表达自己的情绪，并给予适当的引导。

三、了解幼儿不愿意做的原因，如是超出了幼儿的能力范围，可将难易程度进行调整

家长根据幼儿自身的情况，可以将难易程度适当地进行调整，也可以根据幼儿间的个体差异，制定一个适合他的目标，如所学的本领是操作类的，

可以在材料上进行分层调整，便于幼儿根据自身情况进行选择。家长也要在此过程中多鼓励幼儿，使幼儿对自己有信心，相信自己能够完成。

> 幼儿的自理能力弱，遇事不愿意自己动手，依赖性强怎么办？

光明幼儿园　　陈玉静

大部分孩子在家更多地依赖家长做事情，因为有父母宠爱与呵护，所以会出现撒娇的情况。当孩子自理能力弱，遇事不愿意自己动手，依赖性强的时候，做家长的需要判断孩子是不会做这件事情，还是不愿意自己做。如果是不会做，我们需要把握孩子的年龄特点并采用多种方式，如故事、绘本、家人的互动（包括父母、哥哥姐姐）教会孩子一些生活基本技能；如果是会做而不愿意做，家庭成员要做到"三不要"：不要贴标签、不要强化问题、不要包办代替。当着家里人说孩子自理能力弱、总是依赖别人等，或者直接帮孩子做，这些都会影响幼儿发展。作为家长我们可以这样做：

一、言语激励　树立榜样

每个孩子在成长中都需要被认可，经常夸赞孩子，有助于孩子更好地发展。当我们与孩子沟通时，更多地要用能激励孩子的语言，如我们家某某是小姐姐（小哥哥了），自己的事情要自己做。多用言语激励孩子，慢慢提高幼儿自理能力。

二、正向引导　及时肯定

家长要充分地关心孩子平时的表现，与此同时也要注意语言的引导，多以积极正面的话题激发幼儿的兴趣，切忌向孩子传递负面信息。教育中积极正向的语言能够让孩子爱听，爱听才可能愿意去做。当孩子把玩具、图书扔一地，家长不要生气、不要指责、不要直接包办代替，而要正向引导孩子，玩完的玩具、看完的图书我们要给它送回家，就像我们自己玩完也要回家。家长一边说，可以一边收拾，并请孩子一起收拾，收拾完以后可以亲子间交流一下整洁的环境带来的感受，以及小玩具被送回家的心情等。当我们的孩子能够自己主动把玩具送回家，家长要关注到，并且及时肯定孩子的这一行为，等其他家庭成员下班回家后，再次肯定孩子的行为，反复强化。

三、提供机会　来当助手

有的时候孩子不愿意做事，也可能是能力不足，没有找到方法，可以邀请孩子来做家长的助手，择菜、叠衣服、扫地等，都可以请孩子参与，时间长了他就会意识到，自己也是家庭成员，也可以帮助家里做很多事情，在自理能力提高的同时，爱心、自信心、责任心逐步形成。

四、调整环境　支持发展

以整理为例，给孩子准备便于收放的小盒子，有的小玩具直接放在盒子里。还有就是玩具、图书分类放，一类的物品放在一起取放都方便，为幼儿的发展提供支持。

幼儿在外人面前表现乖巧，在家里霸道怎么办？

新中街幼儿园　梅建宁

　　家长有时觉得孩子还小，他们的要求也容易被满足，在很多事情上家长会缺乏原则容易妥协让步。当父母和隔辈教育方式不一致时，孩子能够感觉到。孩子在家里表现得对家人厉害蛮横，家人会觉得这孩子好玩儿还挺厉害的，以后肯定不会受欺负，但却缺乏了分寸和爱的正向引导，让孩子出现认识混乱。家人顺着孩子的这种"爱"，让孩子觉得这些都是理所应当的，这样的想法会助长孩子在家的霸道。通过上面描述孩子在外面的表现可以看出，孩子目前还掌握不好与同伴交往的方法，需要家长给予支持，同时孩子自己也知道，在外面不会像在家里一样人人都让着他，别人强势他就会感到委屈、受欺负，于是回家后，遇到愿意迁就忍让他的家人，就会把这些坏情绪转嫁并释放出来，表现得更加蛮横霸道。

　　两方面建议：

一、关于在家里表现霸道的调整建议

（一）互相尊重　平等沟通（锦囊：做到温柔而坚定）

做事前和孩子共同商定规则，双方同意后都要遵守。如孩子事后耍赖闹脾气，家长也要按约定执行，可能孩子会哭喊一阵，家长不要指责打骂，不要把自己陷入孩子的情绪中，待孩子把情绪发泄完，我们可以给孩子擦干眼泪并与孩子拥抱，并告诉他今天能够按约定做到很了不起！这样用行动告诉孩子，我们要说到做到。如果需要帮助，家人一直在你身边，孩子就会从你的态度中学会自控，并且遵守规矩，而不是一次又一次触碰底线。

（二）共同学习　一致教育（锦囊：谁的娃谁负责）

当我们与祖辈或保姆等共同养育孩子时，家中每个人对孩子的教育态度应该保持一致，特别是父母要担当起第一养育责任，不能把孩子撇给他人。同时家人在育儿理念和育儿方法上要共同学习，达成教育观念上的一致，可以建立家庭养育群，大家共同针对孩子的问题进行探讨、商量策略，如果有无法达成一致的情况，可以充分利用身边的教育资源，向老师或育儿专家进行请教，以达成共识。当父母管教孩子时，其他成员一定不能当着孩子的面唱反调，这样不利于孩子的发展，也影响家庭和睦。

（三）不说反话　正向引导（锦囊：谨言慎行）

有的父母看到孩子在外面懦弱、回家霸道时，会生气或调侃说："有本事你把在家的厉害劲儿拿外面用去呀！"这样的情况下大人的调侃会引发孩子更大的情绪，对孩子学习与人交往却没有任何帮助。

有时孩子在家里指挥大人，语气像个小大人儿。比如："嘿！爸爸，让你给我拿水你怎么还不拿！你想渴死我呀！"大人会觉得孩子奶横奶横的特别好玩儿。但孩子说这话时态度是认真的，当他看到大人笑时，就会觉得自己这么说话是对的，于是会变本加厉。正确的做法是，大人不带情绪，但要一脸认真地说："我知道你很渴，如果你想让爸爸帮忙，应该怎么说呢？"孩子会从大人的话语和表情上感知到自己表达的问题，从而逐渐改进。

二、关于在外面表现懦弱的调整建议

（一）学习交往　打破壁垒

每个人在融入一个新环境时都会感到不适或紧张，比如，孩子在小区里看到几个小孩儿游戏，自己很羡慕，也想参加时，就会产生紧张与渴望交织的情绪。而主动加入这一能力是需要练习的。建议家长可以给孩子做榜样，让孩子看看家长是怎样加入的。同时家长可以选择一些关于交往、接纳与被拒绝的绘本，让孩子了解有这样的想法和紧张的情绪是正常的，所有人都会有。后面就需要家长和孩子进行练习，比如，模拟角色扮演，让孩子勇敢地说："我也想和你们一起玩！"家长可以先同意，让孩子感到说出这句话并没有那么难，练习几次后，家长也可以给出拒绝，问问被拒绝时孩子的感受，并引导孩子发现被拒绝也没关系，可以有其他更多的选择，让孩子逐渐自信，并学会灵活思考问题。同时教孩子学会介绍自己，也是帮助孩子结交朋友的重要途径。

（二）学会分享　树立信心

可以邀请孩子的朋友到家里来做客，在小客人到来之前和孩子准备玩具、食物等，朋友的到来会给孩子带来主人翁意识，同时帮助孩子树立信心。也可以在外出时，带上大家可以一起玩儿的玩具，在和同伴分享时，感受交往的快乐。如果在分享玩具时产生了不愉快，也是孩子学习解决问题的好机会，成人不要急于介入，让孩子们尝试自主解决，只有为孩子创造充分的交往机会，孩子才能在真实的交往环境中，更好地融入社会。

（三）学会拒绝　真正勇敢

我们平时要多培养孩子自信，允许他表达自己的需求，提出不同的见解，并且鼓励他在社交中遇到不合理要求时，勇敢拒绝。这同样需要日常的练习和实践。比如，孩子对家长提出要求，而家长正在忙，家长应该认真地说："对不起孩子，妈妈正在忙，现在不能帮你，你可以去找其他人帮你，或者看看是不是自己能解决。"这样的话语其实是给孩子做示范，让他们知道如何拒绝别人。家长还可以设置一些场景，比如，你刚刚坐上一辆小车，一个比你高大的孩子也想玩，你应该怎么做？如果你不想现在让给他，你应该怎么说？"我刚坐上来还没玩儿呢，你可以排在我后面，我玩好了就叫你。"这样的练习多了，孩子在外面遇到不合理要求时，便能大声说"不"，正当地保护自己的权益。

家长要相信孩子非常聪明，学习能力也很强，只要我们给予孩子一个和谐平等的生活环境，再加上成人的科学引导，为孩子创造交往机会，孩子一定会成为家中的小可爱，在外面也能成为善交朋友，受人喜爱的小宝贝！

隔代人配合教育时，孩子变成两面派怎么办？

春江幼儿园　许丽娜

了解一下家庭教养的情况，在您的家庭教育中谁主要负责教养孩子？是父母，还是老人？平时孩子、家长和老人一起居住吗？家长和老人的知识经验情况，当面对孩子"两面派"时，家长和老人的做法是什么？会怎么说？

了解情况后，再和家长一起来分析一下面对隔代人配合教育时，孩子出现"两面派"的原因：

1. 老人对孩子都是比较顺从和疼爱的，父母可能会相对严厉，不一致的教育会让孩子有不同的态度，孩子会分辨出家里谁是最有权威性的，谁的话必须服从，谁的话可以不理，长此以往，孩子的"两面"性格慢慢催生。

2. 现在父母对孩子的要求比较高，生活中的言行举止对孩子可能过于严格和严厉，时间长了会使得孩子感到压力，产生害怕、恐惧的心理，所以对父母的命令言听计从，不敢向父母宣泄，而娇惯孩子的老一辈人便成了他们的宣泄对象。

3.有的父母在家中有绝对的权威，说一不二，平时流露出忽视老人的言行或不礼貌的行为，作为思维简单的孩子，就可能认为老人的话可以不听。

在了解孩子"两面派"的原因后，作为父母的我们需要反思自己家庭教育的做法。

两条建议：

一、家庭内部教育要达成共识，合力教育孩子

隔代教育时，两代人应当多沟通，只有两代人教育思想统一、口径一致，步调一致、目标一致，才能形成教育的合力。家庭中对孩子的教育可以有分工、有合作，如老人主要照顾孩子的生活，父母主要关注孩子的学习情况，父母对孩子进行教育时，祖辈不要出面干涉，或当孩子受到父母的批评跑去和老人告状时，老人应该起到融合剂的作用，比如，可以对孩子说："爸爸妈妈对你严格要求也是为了让你有更大的进步。"要维护父母的权威，家庭所有成员要坚持原则，对孩子的无理取闹可以视而不见，只有家庭教育形成合力，孩子才会通向成功。

二、家庭关系要融洽，营造宽松的家庭教育氛围

1.家庭是孩子的第一所学校，父母是孩子第一

任老师，所以父母平时要注意自己的言行，特别是在孝敬老人、尊重老人中，避免自己平时不经意的一句话或者一个举动给孩子造成负面影响，家长要时时处处提醒自己是一个教育者，应该表里如一，给孩子树立楷模形象，如果在育儿过程中出现矛盾，父母一定不要当着孩子的面和老人发生争执，要注意自己和老人说话的态度和分寸，营造一种和谐的家庭环境，让孩子感受到家庭是一个整体，这样在教育孩子时，才不会出现"两面"现象。

2. 平时父母忙于工作，无暇顾及孩子的成长，但家长是教育孩子的第一责任人，家长要合理安排工作时间，留出与孩子在一起的亲子时间，陪伴孩子，多和孩子交流，了解和尊重孩子的想法，形成亲切、平等、民主的家庭氛围，遇到问题时，不要简单粗暴地对待孩子，应该积极和孩子一起去解决问题，多问问孩子可以怎么办，正确引导孩子解决问题。

在孩子成长过程中，会遇到各种各样的教育问题，家长要不断学习，更新自己的教育观念，为孩子健全人格的形成和日后的幸福生活铺路。教育孩子，不是一个人的事，而是全家人的大事。两代人的教育方式存在差异和矛盾，父母更多的应该想办法化解矛盾，相信只有两代人的教育方式相互融合、取长补短，达成教育的同步，孩子才能得到更好地成长，家庭氛围才能更和谐。

孩子总是以哭闹要挟方式达成某种目的怎么办?

欣苑幼儿园　车璐璐

三岁后幼儿的哭闹会有一定的目的性,是为了满足自己的某种要求。幼儿出现这样的情况非常正常。首先了解家长的育儿情况:

1. 根据您提出的问题,您能否给我举个例子?

2. 您当时是如何处理的?

3. 您生气或者困惑的点是什么?

4. 这样的情况是仅在您带她出去时会出现吗?还是谁带他出去时都如此?

知道家长的教育理念、教育方式方法、亲子关系如何等,更有利于分析问题,找到解决问题的方法。

分析原因:

1. 爱用哭闹的方式来达到目的的孩子,背后一定有一个容易妥协的父母,孩子肯定是用这样的方式多次成功过。渐渐地,哭闹就成为他的"武器"。所以请家长先反思一下自己,想一想是不是在养育孩子的过程中对他有求必应？是不是孩子情绪不好，家长就着急去哄，为了不让他再哭闹无底线地满足孩子？

2.由于孩子不懂得父母阻扰的原因，因此，每当这时就会通过发脾气、大哭大闹这种最简单直接的方式来表示抗议。这跟他们的心理和生理发展阶段有关，由于年龄小，语言表达力欠缺，能力有限，所以只能用哭闹的方式来达到目的，表达自己。还有跟他们自控力不好也有关系，而在哭闹的过程中，也会因为自控力的缺乏而不能马上停止，所以哭闹情况一旦发生就会变得一发不可收拾。当然心理学说，孩子随着年龄的增长、教育的约束、社会道德规范，这样的行为会逐渐减少。

3.可能孩子想引起成人的关注，想让父母更多地陪伴或关注他。

4.还有就是好奇心的驱动，好奇心是幼儿心理的主要特征，对新鲜、不理解的事物孩子会有着强烈的探究心理，总想摸一摸、看一看、闻一闻、尝一尝，等等。

5.亲子之前没有建立合理的沟通模式。

如果发生这样的情况给您一些建议和方法：

1.带孩子离开哭闹的场所。（不吼不打孩子）

2.回到家后，和孩子一起在一个安全的地方（例如卧室）一对一进行沟通，注意"四不要"：

①不要骂，调整好自己的情绪，要冷静。

②不要打，现在打孩子是最不可取的方式。

③不要说教，他最想让您体会他的心情、理解他的情绪。

④不要走开，他哭就是让你看，你走了他会更不好平静自己情绪，所以陪着他。

3. 孩子哭累了可以给他一些安慰，擦擦眼泪，轻轻抚摸。

4. 情绪稳定好了再说，你可以表达一下你想要这个东西的理由吗？看看你是否能说服我。

5. 交流其实是有方法的，您要鼓励孩子表达。为了以后能更好地建立这个关系和使得方法有效，如果孩子通过表达的方式，可以在 3 次请求中满足 1 次。这样也让孩子看到希望。

> 我家孩子看到小昆虫，如蚂蚁、蚯蚓，都要踩死它。问他为什么，他说不为什么，就想踩死他。我引导过，没有什么用，怎么办？

空后蓝天幼儿园　谭甜甜

首先，遇到这样的情况您一定不要着急，不要责骂孩子。其次，作为家长不要随意给孩子下定义为有"心理问题"。我建议您可以从以下几个方面来解决问题。

一、重新定义幼儿的行为

行为的背后都有动机。孩子踩蚂蚁，可能是因为他的好奇心旺盛，对大自然和生物都比较感兴趣，但他们又不知道采取怎样的方式去探索。在孩子第一次出现这样的情况时，作为家长就应当尽快介入，正确引导孩子用正确的、温柔的方式去感受大自然和生物。可以多带孩子到野外走走，收集树叶，认识各种小动物，满足孩子的好奇心和探索欲。

也可能代表了孩子缺乏安全感。若您的孩子在您制止之后行为并没有有所改善，这时候就需要父母仔细观察，孩子是否对外界不够信任，没有足够的安全感。有的时候，孩子的不信任，来自家长的心理暗示，比如，家长给了孩子过多的安全教育，让孩子觉得除了家庭、父母，其他的环境都是不安全的。还有一个可能性，孩子在家庭中没有被允许去独立完成一些事情，如果父母过度保护，不让孩子动这、动那，孩子很有可能会有压抑的愤怒，这种压抑的愤怒又通过踩蚂蚁表现了出来。

二、及时与幼儿园老师进行沟通

孩子一天中有很大一部分的时间是在幼儿园中度过的，当家长多次发现幼儿出现踩死小昆虫的行为时就应该及时与幼儿园老师进行沟通，幼儿园可以临时设置一些对孩子们加强爱心教育的集体教育活动，讲述小动物的可爱、动物对人们的益处、动物与人们之间的感情，来引导孩子们友善地对待它们，激发孩子们对小动物的热爱和同情心，在幼儿心中埋下爱护动物的种子，从根源上减少此类事情的发生概率。

幼儿出现问题时不能仅是家庭或者幼儿园单方面去解决，需要家园以及社会等多方面的共同努力来帮助幼儿解决问题、改正错误。我相信，在解决您孩子的问题过程中，家长、孩子以及老师都会学习到一些东西，也会促进多方面的关系。

幼儿对于一件事情的坚持性和应对挫折能力较弱。当一件事情做两遍及以上还没有达到目的的时候，就会发脾气，怎么办？

北京市第一幼儿园　张昊歆

需要细致地观察孩子具体在做事情中遇到了什么困难和挑战，面对该问题，在孩子两次以上的主动尝试中，又出现了什么无法解决的难点，使孩子出现了抵触新问题或者难以迁移已有经验解决新问题的情况。我们需要明确处理问题的两个重点：第一，冷静自己的情绪，是细致发现孩子的困难的前提。第二，明确自己此时一定要出面干预。绝不能放任孩子发怒，或者任其失落放弃。我们要培养孩子做事坚持、不怕困难的好品质就需要陪伴他迁移自己的经验，解决问题。

幼儿一日生活的各项活动中时时刻刻会面临新问题，积累必要的经验，是他们解决新问题的前提条件。在幼儿园，教师会基于幼儿的兴趣和需要将一日活动游戏化，准备游戏环境和材料，帮助幼儿愉快地积累经验；在区域游戏环节教师会给予幼儿根据需要自由选择和尝试的空间，区域游戏中幼儿遇到的不同类型的新问题总能在教师的指导下，经过经验的迁移实现自主解决。

结合幼儿园的做法，家长可以尝试以下策略帮助幼儿迁移经验解决新问题。

策略1：巧用游戏积累直接经验

游戏是幼儿最喜爱的活动，能促进幼儿认识世界、了解事物之间的关系。在游戏中幼儿的知识、技能都能得到相应发展。例如，小班幼儿玩手指游戏《5只毛毛虫》，幼儿通过这个情景游戏，感知每只毛毛虫都有一份自己的食物。经过鼓励，他们也会在生活中尝试根据人数分配食物。如"我们家有三个人，所以买三瓶水，一个人一瓶水。"

策略2：亲子互动积累间接经验

亲子谈话、同伴交流等方式都可以帮助幼儿积累一定的间接经验，有趣的故事亦能帮助幼儿获得印象深刻的间接经验。故事中不仅有丰富的知识信息，更重要的是，听故事的孩子可通过充满想象力的故事情节得出自己的结论，从而获得良好的学习策略。如《神奇糖果店》《咕噜牛》《蚂蚁和西瓜》等绘本，讲述的都是遇到问题努力想办法解决的故事。家长可以经常与孩子一起阅读这类绘本，鼓励孩子像绘本中的人物一样去勇敢地思考，解决生活中遇到的问题。

策略3：创设宽松安全的环境氛围，鼓励幼儿勇于接受新问题的挑战

在幼儿游戏的过程中，家长要为幼儿创设宽松的氛围、安全的环境。当孩子遇到问题难以解决时，家长应该介入，但切忌直接上手、包办代替，而应当给幼儿自由探索、尝试、思考的空间。每个失败的经验都是幼儿改组和调整的基础。但是如果成人以"怕房间乱""怕弄坏家具""怎么天天摆弄这些，不玩点动脑游戏、不学习科学知识"等因素进行抱怨，甚至阻拦，就破坏了幼儿积累前期经验的过程，打消了幼儿解决自身问题的积极性。

策略4：创设问题情境，为孩子搭建迁移练习的平台

巧妙创设问题情境与游戏规则亦是成人为幼儿解决问题搭建的脚手架。幼儿的经验需要不断累积和沉淀才能内化为更高阶的思维方式，从而解决高一级的新问题。如果新问题过难，幼儿原有的经验不足以支撑其完成经验的迁移，那就需要成人根据孩子的经验水平，设置适合孩子的问题。如巧妙地

创编和改编一款亲子游戏，模拟某一新问题的发生，使其能满足自家孩子的兴趣与水平，给幼儿面对更高阶的问题提供了一系列缓冲的台阶，也使幼儿在实践中获得更多的迁移练习和经验。

策略 5：细心观察，适当引导

在幼儿游戏的过程中，作为家长我们要耐心地等待，当孩子出现新问题时，要给他们足够的时间进行思考，给孩子自己面对困难和挑战的机会。同时家长还要细致观察。一是观察幼儿的已有经验和水平。二是当幼儿实现迁移经验，成功解决新问题时，家长要及时给予鼓励，并帮助幼儿梳理自己经验迁移的过程，以便于幼儿建立良好的学习策略。三是通过观察提前思考孩子在解决新问题时可以迁移的经验。当幼儿在解决新问题时出现求助或者因无法解决新问题而准备放弃时，家长再用适当的方法帮助孩子调动已有经验或对孩子原有知识进行补充、改组或修正。比如说，"上次我们是用什么东西代替积木做房顶的？这次我们可以用什么材料替代呢？看看家里有什么东西像尖尖的房顶？"这种启发式的语言给孩子留出思考的空间，帮助他们回忆经验，最终支持孩子成功迁移经验，解决新问题，获得成功体验。

当家长遇到这样的情况——抵触新问题或者难

以迁移已有经验解决新问题——相信家长运用上述策略，能够帮助幼儿发现问题、积累经验、迁移经验和解决问题，最终促进幼儿自主性问题解决能力的发展。

> 孩子回到家后总讲述不清幼儿园的情况，作为家长感到很焦虑，怎么办?

北京市第五幼儿园　张爽

这个问题很普遍，特别是对于幼儿刚入园不久的家长，大家非常迫切地想要了解孩子在幼儿园内的一日情况。所以很多家长每天见到孩子的第一件事情就是追问孩子：今天在幼儿园学什么了？吃了什么？发生了什么事？有的孩子就会出现问了好多遍都不说或说不清楚，再问急了，就开始发脾气的情况。对于幼儿园阶段的孩子来说，让他们说清楚在幼儿园发生的事情，相当于与孩子交流过去的事。这在成人看来很简单，但对于这个阶段的孩子来说，他的情绪情感、注意力、记忆力和词汇量等方面都需要发展到一定程度，才能有效地完成好这个交流任务。所以，请家长不要太心急，我们可以循序渐进地培养孩子完成这一任务所具备的综合能力。

作为家长您可以怎么做呢？

首先，孩子说不清楚幼儿园的事情，您可以亲自和老师沟通，可以通过电话、微信或接送孩子时与老师聊上几句，了解孩子在园一天的情况，以及孩子的成长和变化，是否遇到什么开心或不开心的事。一般情况下，如果您的孩子在幼儿园发生了不开心的事情，老师都会主动告知，请您放心。

其次，孩子不愿意说的时候请您不要强迫。对于幼儿园的孩子，他愿意说幼儿园的事情时就鼓励他多说，这样孩子的语言表达会越来越顺畅，词汇也会越来越丰富。但如果孩子不愿意说，就不要强迫他，否则会引起孩子的反感情绪，延缓他对幼儿园的自然接纳。

对于不愿意表达的孩子，您可以尝试这么做。

一、观察孩子的表现

观察孩子在家里的行为与情绪，比如，他特别高兴，情绪也很稳定，说明他在幼儿园并没有发生很不愉快的事情；如果他情绪不好，容易哭闹或者易受惊吓，或者报复性地吃很多东西，则说明他在幼儿园可能遇到了问题，您可以主动和老师进行沟通。

二、掌握良好的沟通技巧

其一，您向孩子提问时，要从简单问题开始，切忌复杂。让孩子回答"是否"要比回答"什么"容易得多，比如，今天你是不是玩颜料了呀？接下来可以继续追问或鼓励孩子自己表述，比如，颜料是怎么玩的呀？可以教教我吗？

其二，要从具体问题开始，切忌笼统。孩子的记忆笼统，自觉回忆能力有限，您提的问题要特别具体，就像选择题那样："宝宝，你今天吃的是米饭还是面条？是苹果还是香蕉？"循序渐进地由词语变成句子，培养孩子说完整话的能力。

其三，多用热情的语气提问，切忌冷漠。比如，您要问孩子："今天学了什么呀？都玩什么玩具了？"可以改成"今天你最喜欢哪个玩具呀？做了什么好玩的游戏可以教教我吗？"用热情激发孩子回答问题的兴趣与意愿。

三、抓住生活中锻炼孩子记忆力的机会

孩子的记忆时间短暂，并且很依赖具体形象的事物，所以要多想办法锻炼孩子的回忆能力。例如，吃饭的时候，您可以主动跟孩子说这是什么饭、什么菜、什么汤，鼓励他重复一遍您的用词。吃完饭后再问一遍孩子刚才吃了什么，这样既给孩子锻炼回忆的机会，也促进他掌握相应的表达词汇。

四、保持包容的态度

不管孩子说了什么，您都不要急于表达立场。孩子愿意说的前提是他认为您是完全接纳他的，如

果您的反应太强烈让他感到不舒服，以后他就可能更不愿意说了。

　　总之，每个孩子都有自己的成长节奏，其语言表达能力、记忆能力及专注力等都会随着年龄的增长逐渐提高，家长要接纳孩子特有的成长方式，相信通过家园的共同努力，我们的孩子会发展得越来越好。

孩子总抢别人的玩具，怎么办？

大方家回民幼儿园　李梦琪

3—6岁儿童的行为控制能力还处于发展阶段，都有很强的好奇心，看到别的小朋友的物品他也喜欢，就会有占为己有的想法，而且孩子喜欢抢玩具或拿别人的玩具这一行为背后有家庭和幼儿发展两方面的因素。

一、家庭因素

溺爱孩子：家长对孩子的管教各不相同，部分家长会比较宠爱孩子，孩子要什么给什么，从不让孩子失望。孩子就会养成一种习惯：想要什么就可以得到什么。久而久之，孩子会认为他想要的就是他的东西，抢玩具或者拿玩具只是一个简单的动作而已，并没有其他更多的想法。

不满足孩子：还有的家长的教育方法与前者恰恰相反，很少满足孩子的要求，孩子要什么都不会轻易给他买，总是找各种理由拒绝孩子，孩子得不到满足，也会通过抢或者拿的方式满足自己。

不关注孩子：有的家长对孩子关注度不够，日常没有时间陪伴孩子，孩子得不到足够的关注，会通过抢玩具或者拿别人玩具的方式，引起家长的重视。这也是孩子的一种心理战术。

二、孩子发展问题

占有欲强：有些孩子的占有欲强烈，认为看到的就是自己的，认为抢玩具、拿玩具是在拿自己的，而不是别人的。

物权意识萌发：3岁左右的孩子进入物权意识的敏感期，开始知道你的东西、我的东西、他的东西，但又处于自我中心化的阶段，还是喜欢抢别人的东西，只要自己满意就好，不考虑别人的感受。

缺乏界限概念：部分3—6岁的孩子不能把自己的东西和别人的东西进行区分，认为只要自己喜欢或需要就是自己的，没有征得别人同意的意识，也没有形成"别人的东西不可以拿"的观念。

三、教育小建议

合理满足孩子的需求，不能完全满足，也不能一点也不满足，家长要和孩子制定一个原则，不能轻易碰触底线。让孩子明白父母爱自己，会满足自己的需求，但有时候也需要等待。

教会孩子正确的表达方式，家长多花一些时间陪伴孩子，多和孩子聊天，让孩子从心理上获得爱的满足感，就不会因为要获得关注而故意抢或拿别人的东西。如果孩子真的这样做了，也要理解孩子，用温和的态度和他沟通，让他认识到这是错误行为。

帮助孩子形成正确的观念。随着孩子的成长，孩子的认知能力和语言能力都会增强，这时可以多跟孩子使用"我的""你的"这样的词汇进行沟通，孩子就能够认识到不同的物品属于不同的人。通过这种方式让孩子逐渐建立物权意识，然后给他灌输"别人的东西不能拿"的观念，从而养成良好的社会交往习惯。

孩子不愿意与同龄小朋友一同玩游戏，总伤害其他小朋友，怎么办？

北京市第二幼儿园　刘燕婷

一定不要一犯错就不分缘由地先惩罚孩子，或者大声呵斥。家长首先要平缓自己的情绪，用较为温和的话语把幼儿叫到一边，等孩子平静后，告诉他这样伤害别人的问题所在，让孩子先认识到自己的错误，然后才可以改正。

在不愿和其他幼儿玩游戏这个问题上，您要考虑到自己孩子的性格特点。有些比较内向的孩子或者年龄较小的幼儿，需要家长先做交往过程中的纽带。您可以带着孩子一起去和其他幼儿交往，避免一开始就让孩子自己去找朋友并和其他幼儿玩游戏。这样可以避免孩子因害怕而产生消极和急躁的情绪，在家长的正确引导下，孩子可以更直接地学习到与同伴一起玩游戏的好方法。

解决方法

1. 了解并分析攻击性行为出现的原因，找到根源解决问题。

孩子会出现攻击性行为的原因有很多种：

第一，分离焦虑导致情绪敏感。孩子们来到幼儿园，长时间离开父母和家庭。这个时候，孩子正好处在一个情绪敏感的阶段。因为年龄太小，无法把他们自己内心的想法用较完整的语言表达出来。所以，当外人无法理解和不支持他的时候，他就会选择使用武力来解决，比如，打人、抢东西、扔东西等。

第二，自我保护意识的形成。如果有别的小朋友抢了他喜欢的玩具，或者有人先打了他，他会因为委屈而变得愤怒，觉得自己的东西是不可以被抢夺的，就会直接用拳头来保护自己的利益，释放自己的委屈，这个就是人与生俱来的本能反应了。

第三，无法正确地表达自己的需求。当他看到其他小朋友手里有自己喜欢的玩具，他又无法向小朋友表达出自己想要的意愿，更不会说服小朋友把玩具给他玩，他就会直接抢夺，甚至还会动手打人。

第四，这是引起别人关注的一种方式。这个年龄段的孩子比较敏感。也许他感觉到妈妈的关注点没有在自己身上，或者爸爸妈妈夸奖了别的小朋友，所以为了引起爸爸妈妈的注意，他就会攻击被夸奖的那个孩子。

第五，缘于周围人不好的影响。如果孩子出生在一个矛盾很多的家庭里面，他经常看到爸爸妈妈吵架打架，自然而然地，他也会有样学样。而且他们意识不到这是错误的行为，他们只是觉得好玩。所以家长一定要以身作则，不要给孩子坏的榜样。

2.冷静采用较为温和的方式帮助孩子疏导负面情绪。

在了解原因之后，待孩子情绪稳定，及时针对不同原因对孩子进行疏导。首先，要让孩子知道打人是不对的，并且告诉孩子，爸爸妈妈和老师都是关心他的，当再次遇到类似问题的时候可以怎么做，应该怎么做，谁可以帮助他解决问题。

孩子是因为心理变化才会攻击别人。作为家长，我们不要暴力惩罚，更不要置之不理，要及时地疏导孩子的负面情绪，否则孩子会因为自身的情绪没有排泄出口，暴力加倍。带孩子多参加运动，或者让孩子做一些喜欢做的游戏。这都是很好的排解方法。

3.给孩子最好的陪伴。

家长永远是孩子的第一任老师，家长在帮助幼儿建立正确交往方式的过程中，起到了榜样的作用。作为家长，在孩子的交往初期，一定要给孩子多一些陪伴，能在孩子交往出现困难时，鼓励孩子，帮助孩子走过这个特殊的时期，父母的爱就是对他最好的帮助。

如何培养孩子能有较强的适应能力？

东华门幼儿园　方宇晴

在不同的环境下，孩子适应能力的体现也有所不同。当对周围的一切都觉得很陌生时，要适应新的环境还需要一点时间。我们在幼儿园时会通过玩具吸引、同伴陪同等多种方法策略引导孩子逐渐适应，那么咱们家长可以怎样做呢？在这里我有一些建议：

一、更加注重自理能力

培养孩子的适应能力，应该着重锻炼孩子的自理能力，不要什么事情都帮着孩子做，要适当地让孩子独立完成。只要保证安全，就应该放手鼓励孩子自己完成。比如，刷牙、洗脸、穿衣戴帽，等等。其自理能力加强之后，自信心也会随之增强，到陌生环境也可以照顾好自己，内心变得更加强大。

二、增强孩子的心理承受能力

因为心理素质的优劣往往决定孩子生活、学习、事业的成败，家长要尽可能多地创造机会，让孩子自己克服心理问题。在孩子无法适应而大哭时，家长要让孩子尽量自己冷静下来，可以辅助地给孩子讲讲故事分散孩子的注意力。当其冷静下来后再与其心平气和地沟通，告诉他，其实这没什么可怕的，加以心理安抚。

三、适当地和孩子分离

孩子一旦离开父母，就容易产生焦虑情绪，甚至哭闹。这说明孩子对于没有父母的环境会感到不安，他们不想在新环境中独自生活。能够看出咱们孩子会有一些缺乏安全感，一旦父母离开自己的视线，就会茫然，这种心理对孩子的发展很不利。所以，父母要树立和孩子适当分离的意识，适当地从其视线中"消失"一会儿。

四、巧妙运用同伴力量

受遗传、环境等因素影响，同一年龄段的孩子发展水平是不同的。每一个孩子的发展各有其独特之处，他们之间存在着很大的个性差异。现在的孩子大都是独生子女，为了使孩子能够很好地适应集体的生活，家长需要巧妙运用同伴之间的力量，让同伴带领孩子一起体验新鲜事物，在同伴的鼓励与陪同下，循序渐进地改善孩子的适应能力。

五、带孩子多接触新环境

虽然孩子接受新的环境不是一件简单的事，但是家长也不能因此就拒绝新环境。咱们可以从孩子稍微熟悉的地方开始入手，比如，去邻居家串门，去家附近的景点游玩等。可以带着孩子比较喜欢的毛绒玩具或依恋物走进新环境。当孩子进步时一定记得及时鼓励称赞孩子，让其不断建立自信心，从而培养其适应能力和自信大胆的性格。

孩子能够勇敢地踏出第一步，感受到处于新环境的喜悦后就会增强其信心，从而越来越勇于尝试、感受新鲜环境、新鲜事物。家长与老师共同为幼儿创设新环境，根据孩子的表现稍加引导，相信在您的引导下孩子一定会战胜内心的胆怯，勇往直前！

小 学 组

孩子不喜欢和同龄人一起玩怎么办?

第一七一中学附属青年湖小学　苗路霞

一、情况梳理

孩子5岁,男孩,目前上幼儿园大班。家里有一位与之相差12岁的姐姐,他是家庭中最小的成员。上幼儿园期间,大部分时间因疫情原因居家生活学习,喜欢和姐姐一起玩耍,参与姐姐的学习生活。在开学之后,老师向家长反馈孩子在幼儿园与同龄人沟通较少,总是一个人玩玩具或者看书。

通过与家长沟通了解,孩子不愿与同龄小朋友玩耍，回家后自己玩乐高或者看电视。家长会鼓励孩子观看一些知识性较强、逻辑性较强的内容，认为一般的动画片是低智、无意义的。家长也提到，孩子很喜欢跟比自己大的人交流玩耍，很多时候说话像个小大人，有时还会与成人进行网络沟通。

二、判断原因

每个孩子发展都具有独特性，养育环境不同也会给孩子的成长带来巨大个体差异。两年以来，因为疫情原因孩子都是居家生活，在家庭中沟通对象也是与自己年龄相差较大的姐姐和父母，如果父母不能用符合孩子年龄特征的方式去与孩子沟通，孩子就得适应周围人的交流方式，获取来自他人的关注和帮助。

家长偏向于引导孩子进行高于同龄人认知能力的学习娱乐活动，孩子也会无意识地去参与父母鼓励他参与的活动，同龄孩子进行的游戏也许就不容易引发他的兴趣，他也较难从这些游戏活动中获得成就感。因此，他更喜欢与比他大的孩子玩耍，从中体验被认可和被接纳。

三、建议反馈

在与家长交流的过程中，能感受到家长对孩子状态的焦虑，同时也希望孩子今后升入小学是可以融入同伴的、受欢迎的。因此，在收集孩子基本信息，了解孩子成长状态的同时，与家长一起探索促进孩子成长的方法，缓解家长本身的焦虑。

具体建议如下：

1. 多接纳、少控制。

一般来说，孩子在与同伴交往过程中，喜欢和比自己大的孩子玩耍，属于正常现象。特别是对于3—5岁的孩子，他们会对大孩子产生强烈的崇拜心理，因此常常会充当"跟屁虫"的角色，喜欢模仿大孩子的行为，参与大孩子的游戏。在大孩子给他们带来更多的示范和引领后，他们会学习更为丰富的知识、技能，他们的视野被拓宽，认知能力和智力得到发展。如果现在孩子只是不太喜欢和同龄伙伴玩，但是与比他稍大的孩子玩得很尽兴，可以获得愉悦感，那家长就没必要过于担心，也无须强行让孩子放弃自己的喜好，去迎合家长的需要。在孩子成长过程中，保持孩子的独特性，顺应孩子内在发展的需求和规律是非常重要的。

2. 创造同龄交往的机会。

沟通能力的训练，离不开环境的影响。家长可以多营造同伴交往的氛围，邀请朋友带着孩子或者幼儿园同学来家里做客，通过这种活动增进家庭间的感情，让孩子感受到小主人的作用和职责，负责招待小朋友，慢慢建立起稳定的友情和自己的小圈子。家长也可以多带孩子参与一些亲子活动，拓展与同龄孩子交往的场所，比如，带着孩子参加一些户外亲子活动，扩大孩子的交往范围，引导孩子既可以与相识的同伴交往，也可以与新结识的小伙伴一起玩耍。

3. 观察孩子的兴趣方向。

每个孩子的兴趣关注点不同，尤其是四五岁的孩子，有的喜欢玩积木，有的喜欢看书，有的喜欢运动。有些孩子，因为兴趣比较独特，比如，对研究昆虫、汽车构造很有兴趣，这类兴趣不容易引起别的孩子的共鸣，有可能出现找不到有同样爱好者的问题。因此，作为家长需要观察孩子的兴趣爱好，确定孩子是不是因为没有在同伴交往中触及孩子的兴趣点，感觉没有共同话题，进而沉浸在自己的小世界中，不愿与同伴交往。如果确定孩子的兴趣偏向小众化，家长就可以寻找与孩子兴趣契合的渠道，认识有同样爱好的同伴，比如，可以加入一些家长群，定期举办集体活动，引导孩子与志同道合的伙伴进行交往，促进孩子与同伴交往能力。

4. 营造宽松的家庭氛围。

孩子的社交能力很大程度上是受后天家庭环境影响的，作为父母，要给孩子营造宽松的环境，为孩子提供符合年龄特征的书籍和娱乐活动。一些绘本书籍、经典优秀的动画片在成年人看来好像比较低智，没有知识性，但可能正是孩子身心发展所需要的，很多也可以通过简单而有童趣的内容传递给孩子需要的情感支持。所以父母需要多跟孩子互动，玩游戏，引导孩子表达自己的内在真实感受，能够"蹲下来""一米高度看世界"，用符合孩子心智水平的沟通方式与孩子交流，多多体察孩子内在的情绪感受和真实需求，与孩子产生真正的内心链接。

孩子总说"我不行"，我该如何帮助他克服畏难情绪？

崇文小学　周霖

当家长听到孩子说"我不行"时会很生气，还有的家长会责怪孩子、批评孩子。家长或许觉得这样做能够激励孩子的上进心和胜负欲，但其实这样做的同时也打击了孩子的自尊心。

首先，学会正确对待。在孩子说自己不行的时候，多半是因为孩子出现了畏难情绪，此时，家长应该多给予孩子鼓励和激励，而不是打压和批评。

其次，学会树立正确的观念。孩子学习以及能力的提升，其实就是无数次尝试的过程，唯有尝试才能让他们尽快学会某项本领。当孩子总是说"我不行"时，家长要知道如何正确地了解孩子的内心，帮他克服恐惧，鼓励其勇敢地进行尝试。

最后，学会分析问题的根源。了解孩子的行为机制，看看不敢尝试的心理是什么原因导致的，解决了这些问题才能从根本上帮助孩子克服内心的畏难情绪。

在尝试与家长积极地沟通后，我们要家校携手，共同帮助孩子解决问题。解决方案如下：

一、不乱给孩子贴标签

当孩子退缩想要放弃的时候，如果家长此时给他们贴上负面的标签，如"胆小鬼""太没用了"……就会给孩子带来消极暗示。

家长应该学会使用正面的标签，把注意力放在孩子的优势上，多多鼓励他们，让他们知道自己有赢的可能。

二、协助孩子树立正确的成败观

学校与家长要一起帮助孩子树立正确的成败观，告诉他们放轻松去做好每一件事，不要害怕结果。而且在平时家长也不应该过于看重孩子的成绩，要多关注孩子在做事过程中的努力、坚持、毅力等。

三、多使用一些正面的语言和孩子交流

积极的语言能让孩子充满自信，面对任何困难都具有接纳精神。这样孩子才会把成长过程中遇到的困难当成挑战，而且还会迎难而上。

四、给孩子增加磨炼，走出舒适区

在教育的过程中，家校要积极配合，不断磨炼

孩子的意志品质，一步一步地带领孩子走出舒适区。孩子每到达一个阶段，当能力得到提升之后就会进入一个舒适区，我们应该引导他们继续提升自己的能力，更要在日常学习、生活中磨炼孩子的意志品质。这样孩子才会有真正的上进心，敢于挑战自我，并且在这个过程中真正了解成功的意义。只有通过努力，克服困难，孩子才能得到真正的成长。

疫情期间，孩子渐渐对手机产生依赖，怎样帮助解决？

新鲜胡同小学　宫蕾

一、基本情况分析

（一）了解孩子使用手机的情况，初步判断孩子对手机的依赖程度

如果孩子确实需要使用手机，则家长可适当减轻焦虑。同时，家长可以根据孩子的使用情况，有意识地引导孩子正确看待手机在生活中的作用，学习合理使用手机。如果除上网课外，孩子长时间使用手机聊天、看视频、玩游戏，并且在家长禁止使用手机后，用各种方法恳求家长延长使用手机的时间，或者产生负面情绪或行为，基本可以判断为依赖手机，需要家长进行引导。

（二）了解孩子依赖手机的原因，反思是否忽略了孩子隐藏在手机后的真正需求

家长是孩子最亲近的人，家庭是孩子感到最温暖的地方。是什么让孩子依赖手机？生活中，有那

么多有趣、有益的事情，都没有手机的吸引力大吗？家长是否忽略了孩子成长中的哪个环节，是缺少陪伴、交流，还是理解？

二、具体方法反馈

（一）转变观念，重在引导

在现代，电子产品已经成为生活的必需品之一。一部分青少年过度依赖电子产品，因沉迷电子产品"宅"在家、缺少对其他事物的兴趣，甚至影响身心健康，已经引起了社会的关注。对于家长的担忧和焦虑，作为老师是能够充分地感受和理解的。

但是，手机、网络的积极作用也是不能忽视的。网络、电子产品加快了知识的传播速度。在疫情期间，老师和学生在家就能实现教与学，降低了疫情对学生学习的影响。此外，信息科技方便了人们的生活，如微信聊天、二维码支付、上网查找数据资料、电商平台购物等。

所以，家长和老师要转变观念。孩子适度、合理地使用手机，如学习、聊天、购物、看视频、玩游戏都是可以的。我们更需要做的就是通过家校共育，帮助孩子正确看待手机，学会合理使用手机。

（二）读懂需求，对症下药

正如大禹治水一样，堵不如疏。对于解决孩子过度依赖手机这一问题也是如此。我们要发现孩子依赖手机的真正原因，满足孩子藏在手机后面的真正需求，对症下药。

1. 孩子喜欢微信聊天。

如果孩子用手机主要是和同学聊天，有可能孩子在家缺少可以沟通、倾诉的对象。这时，家长就要多抽出一些时间与孩子沟通，特别是要站在孩子的角度，以孩子能接受的方式进行沟通。如聊一聊孩子喜欢的话题；多听听孩子说的话；不用批评、指责或说教的方式否定孩子的想法。

2. 孩子喜欢"刷"视频。

如果孩子看的是搞笑视频，可以考虑孩子是否有学习或生活方面的压力，需要放松。这时，鼓励孩子说出自己的烦恼，引导孩子自己先想办法，再对孩子想出的办法进行肯定或完善。如果孩子想不出办法，以自己的事例作为经验分享给孩子。

如果孩子是对某种事物感兴趣，如手工、烹饪、探索自然等，可以和孩子一起规划看视频的时长，陪孩子将"线上活动"转为"线下活动"，减少使用手机的时间；还可以进行亲子活动，如阅读、手工、厨艺、游戏、运动等，培养孩子感受到生活中的种种乐趣，以及来自家长的陪伴和关心。

如果孩子看的是游戏讲解视频，可以和玩游戏的问题合并来看。

3. 孩子喜欢玩网络游戏。

如果孩子沉迷于玩电子游戏，就需要引起家长的特别关注了。如果因孩子在现实生活中缺乏成就感或归属感，家长在解决孩子的问题时会稍复杂些，可能要陪孩子面对和处理学业、人际交往、兴趣爱好的培养等多方面的问题。由此，帮助孩子重新从真实世界获得认可和成就感，并得到成长与发展。

如果孩子只是把网络游戏单纯地看成一种游戏，家长可以尝试陪着孩子一起玩。孩子居家期间，缺少玩伴，特别是对于低年级的孩子而言，家长可以成为他们最好的玩伴。通过一起游戏，管理玩游戏的时间，增加亲子时间，加强沟通交流，了解孩子的喜好，缓解孩子的孤独感，成为最理解孩子的人，成为孩子心中最"酷"的家长。

（三）做好示范，正确使用

都说"父母是孩子的第一任老师"。家长可以通过自己的言传身教，帮助孩子认识到：手机，是联系工作、和家人沟通、了解信息、购物的工具，不是玩具，需要用的时候才用。

家长可以带着孩子学习如何合理地使用手机。如查看天气、和朋友视频聊天、购物、拍照、编辑视频、适度游戏等。同时，让孩子看到家长每天还要用电脑处理文件，用扫帚扫地，用洗衣机洗衣服，用纸笔绘画，用图书了解知识，用电视看新闻、追剧，用锅碗瓢勺烹饪美食，家长也要带着孩子参与其中。在这一过程中，家长也要及时肯定孩子的进步与成长，让孩子产生信心，愿意去积极探索生活中的美好，愿意和家人分享自己的感受。

最终，让孩子意识到：手机只是一种生活工具，生活多姿多彩，不要被手机占用了全部时间和精力，更不要被手机夺走生活中的其他乐趣，要去发现、体会生活中的快乐和美好。

> 高年级男生学习动力不足，每天自己慢慢悠悠地写作业，根本没时间看课外书，没时间完成其他课外任务。我着急但是孩子不急，怎么能让孩子有学习的动力？

前门小学　杨爱静

一、情况分析

孩子现在是五年级学生。整体表现为：学习没劲，作业糊弄，得过且过。在学校上课老实，作业能按时写完，但质量一般，正确率不高，学习成绩不太好。回家能按时写作业，但书写潦草，坐不住，不踏实。每天回家完成课内作业之后，没有时间再进行额外的知识学习。怀疑孩子觉得学习更多是为家长，自己在家里与孩子沟通较少。

二、建议反馈

第一，让孩子明确学习目的，树立学习目标。

家长急但孩子不急，究其原因分为三种情况：一是家长本身原来学习很好，特别努力要强；二是家长原来学习一般，但希望自己的孩子学习好；三是家长对孩子有很高的期待，但是这种期待并不是孩子的学习目标。

作为家长应该更多地引导孩子明白为什么去学习。要让孩子对学习树立正确的价值观，如果孩子为了家长学，那动力肯定不足。如果孩子能认识到学习是为了自己，为了将来自己有更好的生活，或者是为了能实现自己理想去学，动力感就会生成。"为什么而学"的问题，家长和孩子可以好好地去探讨。要让孩子树立成为更好的自己的信念，明确将来要成为什么样的人，达到什么样的成就，实现什么样的理想。

第二，引导孩子认识作业的目的和价值。

引导孩子明确作业是对课上所学知识夯实和查漏补缺的过程。每天认真地写作业，是为了巩固课上所学，同时找出知识的漏洞，然后把这个漏洞堵上，学习才能越来越好。

还要引导孩子认识作业的价值。学习就像盖高楼一样，地基打得越坚实，楼盖得越高。如果地基全都是洞的话，那上边的房子是建不好的，即使建好也是会塌的。孩子玩积木、搭乐高，都会发现这个特点。那么知识的漏洞是怎么发现的呢？怎么检测老师上课讲的知识你学会了没有呢？实际上就是写作业。作业中出现的错误，就是知识点的漏洞。

我们需要通过做题，找一找漏洞在哪儿，把漏洞堵上，地基打得就坚实了。做作业的过程，也是把每天每学科的知识点夯实的过程。每天都这样认真完成作业，学习的地基就会打得很结实，学习成绩会越来越好，学习起来也会轻松。学习好，会更容易实现自己的理想，人生的高度才能越来越高。

第三，注意和孩子沟通的方式和技巧。

1. 把孩子当成一个和自己平等的、独立的人去沟通。

作业价值观的传递要通过家长经常和孩子沟通。沟通时，不要用指责的态度和语气。五六年级的孩子刚刚进入叛逆期，不要把"你怎么这么叛逆呀？你怎么不听话呀？"这些话挂在嘴头上。要把孩子当成一个独立的个体对待，平和地与孩子交流。从督促学习是希望孩子能成为更好的自己的角度沟通，让孩子意识到学习是自己的事儿，学习要自己做主，写好作业、听好课，从学习的点滴入手才能实现自己的理想，成为更好的自己。

2. 和孩子一起总结，多鼓励孩子。

每天或者每周有意识地和孩子沟通，让孩子说一说自己成功的地方。家长也要把自己看到的孩子的进步说一说，要从小的细节入手鼓励孩子。比如，审题时做了标记；写作业快了；主动读课外书；等等。孩子不愿意被别人指责，更愿意接受鼓励。家长要抓住一些小的好行为，作为闪光点放大。对孩子的鼓励，要从点点滴滴中观察，积极跟孩子互动、交流。

3. 多与老师沟通，家校充分合作。

家长还要积极和老师沟通，老师会从专业角度给出一些建议和方法。家长和孩子沟通时，要把老师的信息转化成自己和孩子沟通的内容。从具体方面对孩子积极鼓励，遇到问题不要批评指责，而是多关注，给孩子提出适当的建议。

4. 家人互动，旁敲侧击。

对孩子的教育是全家人的事儿，全家达成一个共识，共同去激励孩子学习。家庭可以设置奖励机制，平时全家一起吃饭聊天时，共同探讨问题，用轻松的方式，让孩子听进去。这些潜移默化的渗透，比特意和孩子谈话的教育，对孩子作用更大，家长要重视这种方式对孩子的影响作用。

5. 接纳、理解孩子的不完美。

家长不要把自己的孩子与其他孩子比。要学会让孩子认识到只要自己做得很好，只要自己的地基打得很坚实，只要自己每天都在进步，就能慢慢地成为想成为的那个自己。

人生是几十年的长跑过程。作业、手机、游戏、上网都是孩子成长中的一些小的问题。要让孩子明白每个人都是在解决自身各种问题中不断成长的，要学会处理各种问题，不断地修正自己，不断地努力，才能成为更好的自己，达到自己的目标，实现自己的理想。

孩子做事拖沓，写作业磨蹭，效率低，怎么办？

史家实验学校　谷思艺

做事拖沓，写作业磨蹭，这只是表面现象，我们还要关注背后的原因。慢，是慢在哪里？是对学习的内容不理解，是没有学习的兴趣，还是对自己要求过高，总是写了擦，擦了写？辨析孩子属于哪个类型，才能更好地帮助孩子。

低年级学生常出现：对自己要求过高，作业总是写了擦、擦了写，反反复复，很难完成。或注意力难集中，写一会儿玩一会儿，写一会儿歇一会儿，断断续续，不能坚持。

这种情况反映了孩子坚持力不足。这对于低年级孩子来说是一个很常见的现象，这是由低年级孩子心理和生理特点导致的，不必过度担心，但我们需要找到方法，帮助孩子建立更好的习惯，培养更强的专注力。

写作业时不妨这样引导孩子：

第一步，启动专注状态

在孩子写作业之前，引导孩子先把要写的内容说一说，读一读。比如，写语文生字前，先读一读这些字；写数学的计算题前，先读一读这些题目。这个读的过程，是孩子语音输入的过程，在这个过程中把自己的学习力、专注力调动出来，帮助孩子更好地进入专注状态。这就像运动员赛前需要热身一样，孩子写作业前也需要从到家放松的状态，调整到一个专注的状态来保证他写作业的效率。

第二步，有效复习

"读一读"的过程也是一个复习所学知识的过程。低年级孩子学习能力较弱，我们也可以将其转化为亲子互动的复习过程。和孩子一起回顾学校所学，请孩子把学习内容讲一遍。如果支支吾吾不知道说什么，那很有可能是孩子没有搞清楚当天学了什么，这也会影响孩子写作业的效率。但没有关系，和孩子一起打开书看一看，引导孩子回顾当天学了第几课，学了哪些字。通过这样亲子交流的方式，帮助孩子把当天的知识点进行梳理。

复习有两个要点：一、先让孩子把当天课堂上所学习的内容讲一遍，如果能够讲清楚，证明他掌握了。二、复习的时候先不要看书，遇到讲不清楚的地方再开始翻书，提高孩子复习的效率。

对于小学低年级的孩子来说，这个复习阶段需要家长更多地引导和陪伴，但如果养成这样的好习惯，到了高年级，孩子会根据自己的习惯自主进行知识的梳理。有效的复习还可以帮助孩子克服对作业的畏惧，提高学习动力。

第三步，计算所需时间

复习好之后，引导孩子评估一下，自己完成作业所需要的时间。对于低年级的孩子来说，最开始会出现盲目自信的情况，此时我们要结合实际情况，给孩子提示及更合理的建议。比如，妈妈觉得今天这个题量有点大，咱们可以定15分钟。我们可以适当将预算时间定得长一点，这样当孩子在15分钟之内，或更短的时间内完成时，会获得更大的成就感。

学会计算时间，可以帮孩子建立有效的时间管理观念，刚开始可以对孩子写作业的时间进行记录，了解他写作业的速度，方便孩子更准确地估算自己写作业所需要的时间。比如说，孩子写20个生字用了2分钟，那么当他下一项作业写30个生字的时候我们就可以计算出他大概需要3分钟，几科作业加起来可能要30分钟。

第四步，给孩子独立完成作业的空间

在规定完成作业的时间内，不要打扰孩子。在这期间，如果孩子自觉性好，就让他自己在房间里写作业。如果孩子是低年级学生，还处于被动学习状态，家长可以坐在孩子身边工作、看书，但一定不要一直盯着孩子，要让孩子感觉到对于作业有自我把控感。

如果孩子总是停下来问家长问题怎么办？写作业之前做好提前约定，遇到不会的问题或习题，放到最后一起问。写作业的过程中不要和孩子做任何的互动。

第五步，做完作业及时鼓励

夸奖写作业的效率，如果孩子能够在规定时间内完成，一定要及时给予鼓励。可以夸奖作业质量，比如说，你今天写的字比昨天写的更整齐了，正确率又提高了。还可以夸奖写作业的态度，比如说，你今天主动去写作业了，你今天写作业的时候非常认真，没有走神。这些夸奖，可以帮助孩子建立对于写作业的自信心，让孩子对写作业更积极更认真。如果做得很好，可以及时给孩子以奖励。比如，结束写作业之后，有一个自由活动的时间，做自己想做的事情，这也是他在未来可以主动完成作业的一个小目标。

另：关于克服过度追求完美

如果孩子过度追求完美，对自己的作业写了擦、擦了写，难以完成。那可能是孩子对作业的目标和标准不够清晰。

此时可以让孩子先把自己要写的内容读清楚、看清楚，再落笔。如果孩子仍反复擦写，不妨先把孩子的橡皮攥在我们的手里。当孩子写了一笔或写完一个字想要擦时，我们要及时鼓励和引导，让孩子继续写下去，把整个字写完。写完后，再引导孩子整体来看这个字，哪里写得好，哪里需要改进。接着写第二个字，再对比观察，发现自己的进步。

这样的方式，可以帮助孩子清晰地认识到自己的优势和问题，以及自己的标准。明确了标准，孩子才能真正看到自己的字是否美观。这也是在帮助孩子建立学习的信心，慢慢从橡皮中摆脱出来。

希望这个方法能帮助孩子培养好的作业习惯、复习习惯，摆脱对作业的畏惧，提升学习的兴趣和动力，让孩子在自己的成长中找到自信和自主力。

北京第一师范学校附属小学　邓春霞

一、情景描述

四年级女孩，平时在学校热情、开朗、懂事、知识面广、能和同学友好相处，老师对她在校的表现整体评价都很好。可她在家里却十分任性，经常跟妈妈发生较激烈的冲突。妈妈十分焦虑和难过，常常情绪失控、不知所措。

家庭反馈：夫妻之间关系一直都不太和谐，对孩子的教育方式也不统一。爸爸比较惯着孩子，让孩子随心所欲；而妈妈要求比较高。夫妻间常常因孩子教育的问题发生摩擦和冲突。妈妈总是觉得很委屈，但又无处倾诉，婚姻关系岌岌可危，亲子关系束手无策。

二、原因分析

大部分问题孩子的背后都会有一定家庭问题。

孩子在学校的表现是积极向上的，但内心存在着一定的矛盾。此时又即将步入青春期，可能还不知道该如何正确表达和处理自己内心的矛盾，尤其是面对父母的不同教育方式，暂时没有正确的认识和判断，于是便将这种矛盾外显在对待妈妈的态度上。

在过去的家庭生活中，妈妈一旦看到孩子的行为令她不满意，就想指责、命令、发脾气；一旦和丈夫在教育孩子问题上出现分歧就在"隐忍"中度日。这都是情绪管理和沟通出现了问题。

三、沟通建议

第一，共同面对，形成合力。当孩子出现问题时，一定要放下情绪，先跟丈夫沟通，做到就事论事。目标要达成一致，共同面对孩子成长中的问题，在孩子的教育上要形成合力，不要相互推诿和"攻击"。当问题出现了，一定是先一起找原因，一起商量怎么调整。有什么不同的想法可以私下沟通，切忌在孩子面前相互拆台，避免孩子"乘虚而入"，或者是对家庭关系失望。

第二，放下情绪，换位思考。当孩子出现问题时，不急于"贴标签"、急于去指正，先学会观察，看看到底是在哪个环节上出现了问题，给双方一些时间和空间进行反思和缓冲。她这样说、这样做的原因可能是什么？是不是也有些委屈和想法？放下急躁的情绪，换位思考。尤其是四年级的孩子，青春期可能已经悄然来到，已经开始有自己的一些想法，这就更需要我们换位思考：如果的确是我们自身的原因，作为父母也应该向孩子道歉；如果是孩子的问题，还需要我们去耐心引导。

第三，真诚沟通，交流感受。在和孩子交流时，要放平心态，放下姿态，试着倾听。"妈妈知道你在这件事上有自己的一些想法，而且也很不开心，能告诉我你的真实想法吗？""我知道你这样肯定也有自己的一些想法，如果我是你，我也可能会……"真诚地听一听孩子内心真实的声音。

如果孩子还是任性发脾气，先给孩子一个倾诉机会，等孩子情绪平稳后，一定要告诉她你当时的感受和需求以及给予孩子一些方法："你那样发脾气妈妈心里很难过，妈妈希望你能够好好说话……"当孩子在情绪管理上有些进步时，多去鼓励，告诉她，妈妈更喜欢现在的你，喜欢和妈妈沟通交流的你。

第四，行为示范，重拾亲密。父母是孩子的一面镜子，原生家庭对孩子的成长有着极其重要的作用。当父母之间出现矛盾时，先平复情绪再处理问题，学会换位思考。让孩子看到家庭成员之间也是需要互相理解，互相沟通解决问题的。只有我们自己内心的力量不断增长，情绪平和了，才能更好地去爱自己，去爱家人，去建立更好的亲子关系。关系建立好了，所有的问题就能迎刃而解。

孩子突然不愿意去上学了，怎么办？

西中街小学　李云飞

一、情况分析

一年级男生，清明节放假后，突然不愿意上学，每天到校门口都歇斯底里地哭着不进去，每次要先在校园里等待平静情绪后再进入教室。疫情复课后，家长采取半陪读的形式，孩子才勉强来学校上学。

家庭情况：平常为了上学近孩子跟着爸爸、爷爷、奶奶住。出问题后爸爸比较内疚，觉得没带好孩子，请假成了常态，为了家庭团聚准备换工作。

学校反馈：一年级上学期各方面都非常优秀。一次和孩子聊天中得知，3月一次中午饭后他吐了，老师处理完毕后，带着全班同学转移到周转教室，然后孩子就觉得特别不好意思，觉得就是因为自己吐了，连累同学、老师还得打扫卫生，之后他认为同学们看待自己有不一样的眼神，从那以后，孩子就总是觉得自己身体不舒服，胃疼难受。家长带孩子去医院，还严重到住院做了胃镜，最后诊断仅是轻微胃炎，现在已经痊愈了。可孩子还是不愿意去上学。

二、指导建议

第一，要正确认识孩子的小学生活。一年级这个过渡适应阶段非常重要，家长除了关注孩子的身体健康，还要培养良好生活学习习惯，要按正常作息到校。当孩子不愿意上学时，父母先不要表现得过于紧张，可以和老师取得联系，问一问最近孩子的在校表现，初步掌握信息。家长也要关注孩子在家的表现，发现任何不同，要及时向老师反馈，给老师一些启示，共同发现孩子的问题，从而解决问题。

第二，家长在关注孩子身体健康的同时，还要关注孩子的心理建设。与孩子的交流一定要采用积极正向语言，例如，"今天有什么特别高兴的事？今天认识了几个新朋友？"等等。我们不要用负面的问法，例如，"今天有谁欺负你了？"家长对事情的评判态度，会影响孩子的情绪，也会潜移默化地影响孩子处世的态度。

第三，家人在处理重大事情时观点要保持一致。针对孩子的身体，如果已经好转，就要想办法分散孩子的注意力，做一些亲子互动小游戏，来增进亲子关系，周末带孩子到户外去活动，约同学一起参加集体活动等，通过注意力的分散缓解身体的不适，激发上学的欲望。

具体实操小方法：让孩子定时起床按时睡觉，养成良好的作息习惯，等开学调整起来就比较容易。每天设定 15 分钟的亲子聊天时间，让他讲一件在学校里发生的开心事，分享一天达成的目标，为孩子营造良好的家庭氛围。

老师要定时和家长取得联系。开学前提前沟通，一周或两周再次连线，说说孩子的变化。老师和家长也给自己一个任务驱动，每天都对孩子的表现进行记录，从而有针对性地在孩子现有状态下，商议进一步家校共育的策略，希望孩子能够在家校的共同努力下有所变化，有所成长。

学习上孩子接受不了别人比自己优秀怎么办？

板厂小学　刘璐

一、基本情况

一个四年级女生，成绩在班里名列前茅，但过于重视成绩，班里只要有同学比自己成绩稍微好点，就觉得自己是失败者，接受不了，经常会因此大哭一场或者是回家闷在屋里不理人。

（1）孩子在外人面前比较慢热，从来不发言。在家里就特别开心活泼。

（2）这种情况只是表现在学习方面，其他方面别人比自己好不会令孩子情绪有很大波动。

（3）父母负责孩子学习，与孩子交流学习的事情比较多，但对孩子成绩没有苛求。爷爷奶奶负责孩子生活起居，习惯包办代替。

二、初步判断原因

（1）在家人和在外人面前表现差异很大的孩子

一般性格都是偏内向的，他们往往过于在意别人对自己的看法，没有建立起正确的自我认知。因此，觉得失败的原因还是过于在意别人对自己的看法，怕别人觉得自己失败。

（2）抗挫力差。这种孩子有着比较强的好胜心理，一旦有人超过了自己，就会感到失落，认为自己很失败。

三、具体方法反馈

第一，给予孩子全面的反馈。

这个年龄段是孩子自我评价逐步建立起来的阶段，所有孩子都会在意别人的评价，通过他人评价来认识自己、认可自己。比如，孩子在比赛中得了奖，得到他人的表扬，他会建立起自己这方面很优秀的认知。如果大人给的评价、反馈不够全面，会导致孩子在学习之外的自我认知和自我评价没有建立起来，她只看重学习和好的成绩，是因为只有学习和好的成绩才能给她满足感，其他方面则没有。就像父母主要负责孩子的学习，虽然对孩子的成绩不苛求完美，但跟孩子交流的大多是学习方面的事情。而爷爷奶奶主要负责孩子的生活起居，负责的形式是一切都帮助孩子做好，不需要孩子插手，这就导致在孩子的脑海里学习占生活的绝大部分，对于自理能力或是其他兴趣特长，孩子几乎是没有概念的，或是认为不重要的，所以孩子会特别看重自己的成绩。

对于这样的孩子，一直对她说成绩不是最重要的不如让孩子切身感受到原来除了学习成绩，我们还可以关注她自己的兴趣爱好、动手能力、交际能力、自理能力等，从而帮助孩子建立全面的自我认知，这就要求家长在与孩子交流时，从各个方面给予孩子反馈。让孩子能够全面地正确地看待自己。这样，孩子才能理性地看待别人的评价，不盲目将别人的评价内化成自我认知。

第二，提高孩子的抗挫力。

面对自己的一次失败或是不完美就会崩溃，原因在于孩子从未看见过"失败"。一些父母认同孩子要在失败中成长，但在孩子面前却是从来"不失败"的，甚至为了保持自己的威信，失败也不愿承认，导致在孩子的认知中不允许失败出现，一旦出现就会承受不了。因此，家长在陪伴孩子成长的过程中，当我们做得不好的时候，比如说，与人沟通不畅导致情绪不佳时、工作遇到困难完成不了时等，也可以让孩子看见、听见。真实真诚地表达自己的感受，让孩子认识到每个人都存在局限性，都会面对失败或挫折，她才能学会自我接纳、自我安抚，把让她产生负面感受的事件当成学习的契机，将失败或落后的体验变成可提升的空间和经验。这样，孩子才能正视最真实的自己，降低对自己的要求，在自己能力范围内，做力所能及的事情，允许失败发生，避免过于焦虑。

第三，增强其意志力和心理承受能力。

体育运动有助于提高小学生的身体素质与抗疲劳能力，而小学生的身体素质、抗疲劳能力可以与心理韧性相互促进。小学阶段是身体发育的关键时期，也是心理发展的重要阶段。应该让孩子在体育运动中潜移默化地感悟体育精神，增强其心理承受能力，同时将他们通过体育运动学到的吃苦耐劳精神迁移到学习和生活中，提高心理韧性。

第四，培养孩子解决问题的能力。

透过现象看到事情的本质。当孩子对自己的成绩不满意时，大哭一场或不理人是她解决问题的方法，或是她不知道如何解决而采取的方式。家长可以在孩子冷静下来后跟孩子深度交流，谈谈大哭一场背后的原因，帮助孩子明确面对成绩不满意时，正确的解决方法是分析原因、寻找提高成绩的有效方法，引申到生活中面对其他问题，怎样正确解决，这样做可以锻炼孩子的独立性，孩子解决问题的能力也会有所提高。要让孩子知道，遇到任何事情失败并不可怕，只要在过程中认真努力去完成就是最好的。

孩子回家后从不跟家长聊学校里发生的事，怎么办？

北京市第五中学分校附属方家胡同小学
李瑾琳

一、基本情况

一个四年级女生，性格内向、文静。据家长反馈，和家长从不主动交流在学校的学习生活情况，只是遇到特别开心的事情时会有一些情绪的表现，但问其开心的原因也是一两句话说完。家里还有一个弟弟，因为弟弟小，平时可能对弟弟陪伴比较多，但也没有发现姐姐有太多的不满，只是家长认为陪伴姐姐比较少。

二、原因分析

孩子性格内向，而且家里有两个孩子，像这样的家庭结构，一般大宝内心是比较敏感的，而且会缺少安全感。因为所有二宝的出生都会给大宝带来各方面的落差和压力。这也是经常会被父母忽略的问题。所以有时，大宝觉得我已经跟父母沟通了，可是沟通的内容没有得到孩子想要的反馈，或者家长的反馈没有顾及孩子的想法，孩子可能就慢慢不愿意跟家长去沟通了。

三、方法反馈

家长要多跟孩子进行主动沟通。

步骤一：与班主任老师取得联系。

因为班主任老师对孩子是最了解的，包括孩子一天的学习生活情况，在学校发生了哪些事情。班主任老师是一天的学校生活中与孩子相处时间最长的人。所以家长要想了解一些孩子在校的情况，跟班主任老师沟通是最直接的。

步骤二：与孩子班里的好朋友的家长联系。

家长可以与班里孩子好朋友的家长取得联系，一起交流，这样既可以了解到孩子在学校的一些情况，还可以给家长提供亲子沟通的第一手素材。

步骤三：沟通交流，营造和谐的亲子关系。

根据学校的情况了解，在合适的氛围下主动与孩子进行沟通。比如，"妈妈好像听说你们班最近发生了一件某某事，是这样吗？妈妈特别感兴趣。"主动贴近孩子，让孩子觉得您是可以亲近的，您对她的学习生活感兴趣，关注她。在孩子与家长交流的时候，一定不要打击孩子与您交流的积极性，不说打击孩子的话。比如，"就这事儿，我还以为发生了多大的事呢。""你们这群小孩子，一天到晚都想些什么呀？"像这样的话大家千万不要说，不要用成年人的眼光去评判孩子们的事情，作为成年人觉得微不足道，但是对于孩子就是大事，是他们感兴趣的，家长千万不要泼冷水，而是要表现出您特别感兴趣的样子。这样，孩子才愿意继续跟您交流。

如果孩子三言两语就不说了，作为家长有时候要用一些巧妙的话术引导她继续。如"宝贝，你刚才说的妈妈还没听够呢，你能再讲得详细一些吗？""你今天跟妈妈说的这些事情真有意思，妈妈听完了好像这一天工作的疲惫都消除了，你以后可得多跟妈妈说说啊！"家长要表现得特别好奇和感兴趣，引导孩子继续说下去。要让孩子觉得她跟您的沟通是有反馈的，您是能够听进去的，这样孩子才愿意跟家长聊天，愿意交流。从与孩子主动找话题交流，慢慢到让孩子主动交流。这也是家长与孩子建立互信的过程。

对于孩子的教育和培养，一定要给孩子引导和方向，做她人生的规划师。要俯下身子，跟孩子进行平等的沟通和交流，建立一种融洽的交流和沟通。孩子也会慢慢认为爸爸妈妈不仅是家长，还是朋友，理解我，关注我，爱我。长此以往，孩子的不安全感和内心的戒备、担忧都会慢慢地消除，孩子也可以慢慢地敞开自己的心扉。

黑芝麻胡同小学　李谷壹

当孩子到了小学中高年级，往往会出现一些可以被称为青春期叛逆的典型表现。可能原来的乖乖女，现在好像不太听家长话了；还有一些孩子，以前特别爱笑，特别活泼，现在变得沉默安静；他的喜好，也会慢慢地有一些变化。应该说，青春期其实不仅是一个发生心理变化的时期，它更是一个生理上发生巨大变化的时期。

孩子在成长过程中一般会经历三个阶段的叛逆期。第一个阶段是2—3岁时的宝宝叛逆期，第二个阶段是7—9岁时的儿童叛逆期，第三个阶段是12—18岁时的青春期叛逆期。在这三个叛逆期中最让家长感到头疼的就是12—18岁时的青春期叛逆期。

我们要接纳、了解这个年龄段孩子的心理、行为，找到应对之策，有效帮助孩子度过这一阶段。

首先，从生理上来讲，青春期的到来，孩子会观察并感受到自己和同龄人的身上发生的许多变化，身体的发育，带给孩子的除了新奇与兴奋，还有许多不适，这会让孩子产生焦虑。

六年级、初中的女孩子胸部开始发育，总看到这时期的女孩子含胸驼背，是不是害羞呢？其实害羞是一方面的原因，还有一方面就是她真的会感觉到不舒服，她会感觉到特别明显的刺痛，有时会产生焦虑。男孩子会长出喉结，长出小胡须，有的还会长出许多痘痘。这些典型的生理现象，会导致孩子们心理上有很大的压力。作为家长，我们不光要学会怎样和孩子相处，还要更好地对他们进行引领、帮助、扶持。

除了外观上的改变，青春期身体中脑垂体和性腺也在发生着变化。男女生的性别意识随着身体的变化开始出现。这些变化不要说发生在一个涉世未深的孩子身上，就是成年人接受起来，也要经历一个过程。因此，当孩子们面临这些突然出现的情况时，往往茫然无措。

作为家长，应该主动了解孩子的成长规律，提前一步，自己做好准备，也为孩子做好准备。要让自己和孩子知道，青春期大约会在何时来临，会有什么情况出现，当出现这些情况的时候，我们要如何处置，或向谁求助，后果会是什么样的。

举例：妈妈的爱心小包包

　　我以前认识一位老师，她是一个小学的德育干部，曾经带着学生到国外参加游学活动。在她的团里，有一个女孩子。有一天，这个女孩子晚上敲响了老师的门，跟老师说，老师，我来月经了。老师说，哎呀，我也没带着东西，我给你买去吧。这个女孩子跟老师说，老师您不用给我买，我带着呢。老师很奇怪，帮这个孩子处理完了以后，就跟这个孩子聊天说，我看你虽然是月经初潮，但是你挺冷静，而且身上还准备好了要用的东西，你是怎么知道的呀？这个女孩子就说，其实这都是我妈妈的功劳。我妈妈从我们班第一个同学月经初潮之后就告诉我这是怎么回事。然后在我的书包里给我准备了一个漂亮的小布包，这个小布包里有护垫，有卫生巾，有纸巾，等等。她还告诉我如果出现这种情况，我该怎么去做，该找谁帮助。所以今天虽然是我第一次来月经，但是我一点也不紧张。

　　这个妈妈，做得就特别好。作为一个引导者、辅助者，甚至是陪伴者、倾听者，她都起到了应有的作用。

在青春期来临之前，爸爸妈妈们都应该自己先做好这样的心理建设，我们应该知道孩子可能快出现什么情况了，当他出现这种情况的时候，我们该去怎么做，我们该准备什么物质条件，精神的支持。同时还要告诉孩子，当我们经历了青春期这个阶段，我们的身体和心智，都会进入更好的时期。

青春期不只孩子的身体发生着巨大的变化，也是孩子的心理断乳期。身体上的快速成熟使孩子产生了成人感，因此便认为自己的思想也属于成人，希望周围的人把自己当成成人来平等对待。渴望父母、老师给予成人般的信任与尊重。开始变得"要面子"，但心理依然处于一种半成熟状态，这就出现了一种矛盾，即自我认知的心理水平与实际心理水平的差距，这是身体上的逐渐成熟与心理上的不成熟造成的矛盾，这种冲突无可避免。成人感使得青春期孩子的独立意识变得强烈起来。

对于孩子身体和心理发展不均衡的问题，父母就需要帮助孩子提高心理成熟度，多与孩子沟通，走近孩子，了解孩子，给予孩子成人般的尊重，同时又要帮助孩子完成心理上的独立，使其心理能量逐渐增大，才能正确地帮助孩子度过心理断乳期。

◎ 小学组

这个时期正是孩子树立世界观、人生观、价值观的时期。对孩子来说，正确的三观，可以使他自信，具有积极乐观的态度，对事情有正确的判断，健康快乐地生活。我们要给他正确的引导，做好榜样，引领孩子成长。

第一方面这个时候的孩子开始从家庭走向社会，他不仅要接受家庭环境的熏陶，还要受到社会环境的影响。第二方面是他的同辈间的影响，同龄人的变化会成为青春期孩子重要的影响因素，他们会更多地采纳同学、朋友的意见建议，而不是听父母长辈的话。第三方面就是他开始学着摆脱对家人的依赖，特别是对妈妈的依赖，所以我们称这个时期为心理断乳期，孩子会尝试着做自己的主人，成为家庭中的重要成员。

这时孩子面临三方面的压力和挑战：第一方面，身体正在急剧发育；第二方面，学习上的任务很重；第三方面，随着年龄的增长，他们渴望对外部社会有更多的了解，人际交往也逐渐增加，需要处理的问题越来越多，也越来越复杂。

家长应该始终作为一个引导者、扶助者、陪伴者、倾听者，当你已经尽可能完成以上角色，那就请后退，让孩子感受群体的力量，孩子需要社会化，需要来自同辈群体的影响，让他们在实际生活中锻炼交往能力。

　　总之，不要让孩子在没有准备的时候独自面对青春期的到来，家长和老师要和他一起经历、完善这个人生中最美好的时期。

孩子在学校不爱说话，怎么办？

府学胡同小学　钱洁

孩子在学校不爱说话大致有两方面原因。一方面是孩子本身的性格比较内向，不善言谈。另一方面是孩子出现了心理问题。这两方面的情况不同，处理起来方式方法也是不一样的。

一、从性格角度看

每个人都是独特的个体，就像世上没有两片完全相同的树叶。性格没有好坏之分，而我们对不同性格的孩子的教育方法应该是不同的。

人的性格也会发生变化。从我们很多人的成长经历来看，成长的过程中性格也会发生变化，这很可能受教育、经历、社会经验等因素的影响。那么该怎样通过教育来影响孩子的性格朝着更为开朗去发展呢？我们可以尝试这样做：

首先，我们要确定这个孩子在学校，是不爱跟老师说话，还是跟同学也不说话。我观察到一些学生跟老师的交谈较少，可能对老师有敬畏，这是畏惧权威的一种表现。这一类孩子不会像有些孩子喜欢黏着老师，在课后总是要追着老师聊上几句，他们跟同学交流更多，所以，我们要先了解孩子的具体情况。如果孩子跟老师私下的交流少一些，但是在课上和老师的交流都是正常的，那么这种情况家长不必过分担心，这是由性格特点决定的，可能这是孩子成长过程中暂时的状态。

其次，如果孩子不善言谈，性格过于内向，我们就不能只分析孩子，还要全方位地分析家庭。如果在家庭中，家长过于权威，凡事替孩子做主，替孩子做各种安排，孩子很可能渐渐地习惯了等待别人的想法，自己不表达。因此，家长要在生活中学会"让位"，让孩子更多地参与到家庭事务的讨论中来。

如果孩子在家里，很活泼很爱说笑，到了学校却显得拘谨，我们可以鼓励孩子多在班级活动中进行锻炼。例如，帮他准备当众的发言，帮他准备一次朗读展示。有的家长也可能把这个误解为让孩子参与活动就行，跟同学一块儿去公园玩、聊天。其实，很多孩子不爱说话是因为他缺乏经验。课堂上，有时候就某一个问题说一两句都很紧张，或者躲避不愿意说，更别说面对更多的人去表达。孩子缺乏当众表达的经历会使他越来越不爱说、不敢说，从而形成了一种习惯性的沉默。我们不妨创造一些机会来锻炼孩子的表达能力。可以在表达之前就某个小话题进行一定的准备。有了准备，孩子可能会更有信心，更胸有成竹。如果我们还能给他们做一定的练习，可能孩子就会更自信。成功的经验也会推动孩子更爱表达。

性格没有优劣之分，家长不必过于纠结。我们回忆自己的成长经历就会发现人的性格是可以变化的，只是需要一些小契机。所以，我们可以去尝试创造条件来影响孩子的性格。孩子的社交经验丰富起来，建立了自信，他们会开朗很多。

二、从心理角度看

当我们认为孩子产生了自卑心理，先不要急着去采取行动，而是应好好思考：到底是什么使得我的孩子自卑？教育学和心理学的研究揭示，自卑心理是个体生理、能力、家庭、成长经历、个性、心理及未来发展等多种因素共同作用的结果。但根据我们的观察，有的学生家庭生活条件很一般、家庭不和睦，却积极向上；有的学生家庭条件非常好、父母爱护，却闷闷不乐；有的学生学习成绩很好、老师也关注他，但他却不太敢接受挑战；有的学生成绩落后，却在文艺体育等方面表现出色、自信阳光。从心理学的解释看，导致心理自卑的原因在于消极心理和错误的认知。所以，我们要看孩子是否处于消极的认知模式，有偏差的归因，或者是有不合理的比较模式。也要回忆一下，在孩子的成长中，哪些事件造成了孩子形成了这种错误的认知机制。

接下来，要在生活中注意帮孩子形成客观的自我评价。如果孩子觉得自己什么都不如别人，我们就要更多地帮他发现自己的优点。在生活中直接地、真情地赞美孩子，在相处中潜移默化地影响孩子。我们在辅导孩子学习的时候也要注意帮助孩子制定合适的目标，取得进步时及时总结经验。这些都有利于提高孩子的自信心。另外，还要抓住一些特别的时刻鼓励孩子。例如，在一个学期开始，肯定孩子主动做开学的各种准备。学期结束考试之后，肯定孩子的努力，把成功归结于努力，帮助孩子形成正确的归因。如果是遇到生活中大的变故，我们要引导孩子多角度思考问题，启发孩子多从积极的角度看待问题，引导孩子乐观地面对逆境。

帮助自卑的孩子，很难通过一两次谈话就收到效果，需要我们家长付出精力和时间，耐心地去陪伴其成长，用心地去发现症结，帮助孩子走出自卑心理。

孩子上了高年级，不愿意和家长说学校的事情了，怎么办？

和平里第四小学　徐文

一、分析原因

（一）与身心发展特点有关

1.低年级学生心理发展特点：年龄小，自我控制能力不强。对于很多事情的认知、理解还处于发展阶段，对于家人依赖性较强，特别需要在父母的指导帮助下解决一些学习、生活上的实际问题。从情感上，这个年龄段会通过与父母频繁的互动交流感受到爱与被爱，对父母很依赖。

从学习而言，他们更在乎的是学习活动是否有趣，老师态度是否亲切，而对于作业、考试分数引起挫折的情绪并不强烈。因此，无论是生活还是学习，低年级学生对于家长的依赖性都很强，他们更乐于与家长直接进行交流，从中获得一些帮助与支持。

2.高年级学生心理发展特点：小学高年级是由

儿童期向青春期过渡的关键期，处于心理发展的骤变期，自我意识、独立意识明显增强。情绪强度持久性地迅速增长并出现高峰，各种日常行为很容易受到情绪的影响与支配。孩子有了明显的独立性和叛逆性，不希望师长把他们当小孩对待，常常出现对成人的反抗行为，自我意识逐步加强，开始对自己有更深入的评价。对于学习方面不会轻易因他人建议而发生改变。同伴交往进入一个亲密共享的新阶段。亲子关系方面，对父母过多的"看管"比较抗拒，理解沟通明显变少。他们更希望通过自己的探索得到自己想要的。他们会把经常和家长说学校的事情看成失去自我的一种表现。

（二）与沟通方式有关

低年级学生在与家长沟通时，因为年龄小，家长会照顾到孩子的理解力、接受力，会慢慢说，指导着做，甚至会代替着做一些事情。以家长主导，学生跟随为主，对于家长的意见孩子一般都能接受并按照执行。此时，孩子压力不大，冲突很少会发生。家长会感觉孩子比较听话，让干什么干什么，容易控制局面，主动权在家长手中，感觉很舒服。

高年级学生有自己的主见，又到了自我意识成长期。他更希望根据自己的意愿做事。家长这时也认为孩子大了，应该懂事了，要求便会提高。这时候往往会出现意见不一致的情况，家长认为孩子仍旧需要像小时候一样服从，而孩子认为自己长大了，可以自己做主，这样就会沟通不畅，引发冲突。几次交流不畅之后，就会出现孩子为了避免冲突，什么也不说的现象。

二、建议反馈

（一）尊重孩子，接纳不同

尊重是要表现出来的，在孩子想说的时候，无论讲的内容是什么，您都要放下手中的事情，眼睛看着他，静静地专注地倾听，并适度地点头回应。这样的身体姿态是在传达这样的信息——你很重要，你说的事情我会很认真地听。

在孩子叙述的过程中不打断、不评判，只是听。当孩子说完后，可以用"我"加"信息"的方式表达——"我听到你说……""我感受到……"。用真心的话语回应孩子的表达，用积极鼓励的语言肯定孩子描述中的想法、做法。如果遇到意见不同时，要学会接纳，尝试理解。

（二）共情孩子，强化连接

共情是最能拉近彼此距离的方式。家长可以通过调整相处方式找到和孩子共情的点，在彼此的互动中强化亲子连接。

高年级的孩子更需要认同和肯定。平时的只言片语都可以是您和孩子共情的开始。比如，孩子喜欢篮球，那就可以一起看看篮球赛，聊聊他喜欢的球员，听他说说喜欢的原因。喜欢户外活动就请他制定外出方案，然后一起讨论改进调整。注意是一起讨论，而不是否定他。要以伙伴的身份相处，让他感受到被信任、被认同，他会觉得很有价值感、存在感，你们的情感连接也会更紧密。

（三）重塑沟通新模式

1.我说给你听，分享自己的日常，重新建立连接。

您和孩子可以养成一个沟通的习惯。如果孩子不愿意说，您可以有选择性地说一说自己在日常工作中、生活中遇到的事情，好的、不好的都可以，还可以让孩子帮忙出一出主意，让他感受到您把他当成一个很重要的沟通对象。这样的交流才是平等的、孩子需要的。

2.你说给我听，用鼓励欣赏的语言打开沟通的渠道。

在家中孩子无论说什么，都应给予重视，生活中充满了教育的契机。每一个正面的积极的行为都可以是您肯定他、鼓励他的机会，这样长此以往就会打开沟通的渠道，让孩子在轻松的家庭氛围中可以顺畅地表达自己。

3.我们都在彼此倾听，成为生活中的陪伴者、支持者。

一家人在一起总会有很多事情可以一起做，在一起做事的过程中就会遇到各种问题，一起讨论，互相倾听，为一个目标共同努力。幸福家庭的沟通模式都是平等、尊重，互相包容、理解的。

孩子做事磨蹭，怎么办？

回民小学　金伊婷

遇到这样的问题，我们要区分孩子的年纪，找到孩子"磨蹭"的根源是什么。

年纪比较小，尤其是学前的孩子，对事物处于好奇的状态，为满足自己的好奇心，无论遇到什么都会停下来看一看、碰一碰。这会让家长觉得孩子做什么事情都很磨蹭，其实，这只是孩子还体会不到时间对他来说很重要，为了当时满足自己的一些想法或好奇心而耽误了时间。这个时候如果家长一味地催促孩子，会让孩子觉得很茫然，甚至手足无措。这样一来，根本达不到让孩子提高效率的目的。

已经进入小学的孩子如果做事拖拉，往往是因为缺少动力感。家长对于孩子磨蹭、拖延的状态长期给予批评和否定，就会让孩子丧失自信。有的时候，孩子的拖沓其实是一种故意不愿意配合的表现，也可以看作对家长的一种"软对抗"。究其原因，是家长的催促让孩子产生逆反情绪；或者是家长对孩子的期待过高，让孩子没有自己支配的时间，孩子用这种磨蹭拖延来表达自己的不满，争取权利。

还有一类在气质类型里叫作"黏液质"的孩子。这类孩子本身注意力转移的能力相对较弱，由一件事情转移到下一件事情的时间会比其他孩子更久一点，外界看起来好像就是在磨蹭。之前我的班里就有一个这样的孩子，他从一年级入学开始，动作就要比班里其他孩子慢很多，但最终他都能够完成得很好。在跟他的家长沟通的时候，我发现他的妈妈就是急脾气。她说起孩子既急躁又无奈，因为不管她怎样催促，孩子都不能很快地去做一些事。我和家长分析了孩子的气质类型，告诉家长孩子动作慢和他的性格有关，他不是不愿意做，或懒得做，他只是要按照自己的节奏去完成。作为家长，首先应该尊重孩子的特点。孩子的气质类型决定了他的处事风格，对于这样气质类型的孩子，在日常的生活、学习等各个方面，家长应该拿出更多的时间给他。

我们在看待孩子的时候，要分析他的气质类型到底是什么样子的，再找到适合他的学习节奏，而不是用统一的节奏去要求所有的孩子。作为家长也必须了解自己孩子的特点。像我前面举例的急躁的"多血质"的家长遇到"黏液质"的孩子，如果家长不了解孩子的特点，就可能会一味敦促他，孩子就永远形成不了自己的内在节奏。

针对不同类型的"磨蹭"，家长可以怎样去帮助孩子呢？

　　年级较低的孩子在慢慢做事的时候，有些父母会直接上手代劳，并给孩子贴上"拖沓"的标签。其实孩子做事慢是孩子成长发育所处的阶段和性格特点导致的。家长认为事情简单，往往是用大人的标准去衡量，孩子做同样的事情是需要付出很大的努力才能完成的。所以我建议家长们要多关注孩子成长发育的特点，多理解和接纳孩子，试着和孩子一起慢下来，耐心地去帮助和引导孩子。

　　家长们可以根据孩子的年龄特点采取适当的方法。对于年级比较低的孩子，可以利用孩子爱玩的特点，通过做游戏的方式帮助孩子更积极地去做事。比如，孩子穿衣服的时候，我们和孩子比一比："今天你和爸爸谁能更快穿好衣服，妈妈会有一些奖励。"用这样的方式促使孩子更有兴趣地去做这件事。对于年级高一点儿的孩子来说，最简单的方法就是借助榜样的力量。家长做一个很好的榜样，使孩子改变拖延的习惯，或者协助孩子制定一个时间表，与孩子商讨如何进行时间规划，合理地运用时间，找到管理时间的正确方法。需要注意的是，在这个过程中我们要看到孩子的调整和成长。并不是说用了这个方法孩子就能立刻快起来了，我们要知道转变是需要时间积累的。之前孩子早晨磨蹭不起床，转变过程中孩子第一天有兴趣，第二天也还可以，第三天也许又变回原样了。我们要看到的不是孩子"退回原地"，而是他在退回去的原有基础上一定还是有成长的，家长要学会接纳这个过程和结果。

如果您的孩子是故意拖延，建议家长转变一下自己的教育方式。尝试降低要求、多去鼓励，帮助孩子把要做的事情分解成清晰、具体的小目标。让孩子能集中精力完成每一个小目标，在这当中体会成功，增强自信。希望家长们能用更多的耐心和孩子交流，了解他们的内心感受，给予孩子适当的帮助。多给孩子自主的空间，允许他去犯错，这样孩子就会走出消极抵抗，积极地投入自己想做的事情当中去。

最后，希望家长们明白：明明您牵着的是一只蜗牛，非要让它变成兔子，这是不可能的。有时孩子拖延说明他在专注、认真地做事，以自己的节奏培养专注力，这并不是件坏事。很多时候家长往往看不到孩子拖延带来的好的方面，因为我们家长总是站着，位置总是比孩子要高。和孩子牵手一起走路的时候，家长看到的世界绝对不是孩子看到的世界。所以我们要学会俯下身子，用孩子的眼光看待世界。可能对于孩子来说，大人眼中的"拖延"，正是孩子在学习和了解这个世界的一个过程。

灯市口小学　杨金琪

从问题的表面来说，这仅是一个孩子课间活动玩耍问题，但从更深层次来看，这是一个孩子性格内向的问题。所以这个问题就是，孩子内向，应该怎么办？

第一，要了解原因。观察和共情很重要。沟通时，要以孩子和家长共同认可的事实为主。跟学生和家长简述一下课间的实际情况，阐述事实和真相的时候，绝不可带有个人观点的评判。

第二，与家长沟通时，注意他的心情是怎样的。无论是着急的、焦虑的，还是疑惑的，我们都要认真进行分析。同时也要跟家长共情。

第三，探讨家长的需求。家长的需求是如何解决孩子性格内向的问题，那么孩子性格内向，真的是坏事吗？孩子性格内向，不一定是缺点，但是家长却觉得孩子内向并不好，为什么呢？可能家长觉得孩子性格内向会带来几个大的问题。

1.觉得孩子性格内向会导致社交能力弱。

2.觉得孩子独来独往会很孤独。

3.觉得孩子做事会因此畏手畏脚。

4.觉得孩子沉默寡言,不愿与人亲近,交不到朋友。

5.觉得孩子做事比较害羞。

以上的五点,家长觉得是缺点,却往往是孩子的优点。

孩子性格内向说明他做事比较专注,比较容易集中注意力,集中精神。沉默寡言,不爱说话,说明他内心活动非常丰富,喜怒不形于色,往往能够把自己的这种心情和情绪更好地平衡起来,善于自己反省。同时,不与人交流,说明他更愿意花时间去观察周围的事物。

每一个孩子,无论性格是内向还是外向,都有他的优势和不足。

性格内向的孩子,最大一个特点就是不愿意与人沟通。要让孩子学会沟通的方法,最重要的一点就是多与孩子进行交流,给予其更多的关爱与陪伴。

1.尊重。尊重孩子内向型性格,不能因为他内向,就批评他,你越批评,孩子越不愿意跟人交流。所以我们一定要尊重孩子的性格,只有这样,孩子才会感到安全和自信,自然而然也就会愿意与别人交往。

2.赞赏。性格内向的孩子，其实有很多优点，如沉着冷静、专注力强。我们要学会发现他们的优势，赞赏他们的优点，帮助孩子建立自信的同时，鼓励其表达。

3.关爱。因为他不愿意说，你就不知道他怎么想。孩子不想说，家长也不跟孩子交流，就不知道他内心的需求，我们要学会关注孩子的需求，理解他们，给予其关爱。

4.榜样。对于小孩子来说，尤其是一二年级的孩子，他的模仿能力非常强。所以作为家长要以身作则，为孩子树立榜样，用榜样示范的方式教会孩子与别人交流。

要做到和善而坚定的教育。这不仅是对家庭教育的要求，也是老师教育孩子过程中要做到的。

孩子学习成绩很好，但凡事以自我为中心，怎么办？

光明小学　刘晓茜

与家长沟通时，可以分三个步骤：

第一步，以孩子的学习情况作为谈话的窗口，基于孩子成绩好，判断家长更关注孩子的学习。且由于孩子的成绩比较好，家长对这个话题的接纳度也会比较高，可以确保老师和家长沟通的顺利开展。

第二步，跟家长反馈孩子在学校人际交往方面的具体表现。比如，可以提出一个非常典型的，最能够体现出孩子在群体中以自我为中心的事例。孩子的这种表现最好是在家或者是在小群体中不会表现出来的，家长不容易观察到的。需要注意的是，给家长描述这个事例的时候，不要给孩子做事不顾及他人、以自我为中心这样的结论，而是要引导家长说一说孩子在家中有没有类似的表现。这样做的目的是帮助家长自己觉察到孩子的问题。此外，在倾听家长的表述时，可以掌握家长的家庭教育理念，以便在接下来给出更有针对性的家庭教育建议。

第三步：根据家长的反馈，给出家庭教育建议和家校协作策略。

1. 建议改变家庭氛围。

学习成绩好但是总以自我为中心的孩子，在家庭生活中，家长的言行让孩子觉得只要成绩好，就能为所欲为。如果家里，从大人到孩子都是这种想法，那么孩子这种以自我为中心、玩世不恭的态度，是很难改变的，所以这种家庭氛围首先需要改变。

2. 建议从合作开始培养。

从家长与孩子合作完成一件事开始培养。让孩子感受到，帮助其他人或者关爱其他人能够收到一些非常好的反馈，能够感到自己在家庭、社会中是有价值的，再去培养孩子的奉献精神，这样会比较容易帮助孩子纠正。

3. 让孩子在选择中，做有社会价值的事。

当孩子非常抵触帮助别人时，可以给孩子多一点选择，例如，可以让孩子在两三件事中选择一件他最想做的事，帮忙的方式也可以由孩子自主选择：是自己完成、跟家长合作完成，还是跟其他朋友一起完成。

当孩子有了多种选择，就会觉得这件事是自己选择的，不是被命令的。让孩子能用自己舒服的方式，做让自己觉得有社会价值的事。同时也是希望孩子能够通过这种行为，收到良好的反馈，开始一个良性的循环。

4. 家长要经常对孩子表达真实感受。

表达感受，主要就是表达出对孩子帮忙做事的感谢，以及家长内心的真实想法。其实孩子做了一件事之后，家人表达一个简单的感谢或者一句对他的肯定，对孩子的帮助是很大的。尤其要关注到孩子自发做的事情，比如孩子随手关了门这样一件小事，家长关注到以后一定要真诚地表达感谢。如此，孩子就会想：我做了这么一件小事都被家人看到了，如果我做更多的事情，就会获得更多的关心、关注和爱。

家长在表达感受的时候不要用"让你帮一点忙你都不愿意"这样抱怨的语气。更不要在请求孩子帮忙后，孩子还没有动手做事的时候，自己就把事给做了，这也是言行不一的一种表现。这种做法，会让孩子感受到家长是在用行动告诉自己：其实你不帮忙也行。当然，家长也不要在孩子帮忙的过程中，说孩子没做好，或者是在帮倒忙。这样也会起到反作用。

5. 避免谈条件。

谈条件，就会让孩子觉得家长的关注和爱都是有条件的，这样会让孩子形成讨好型人格，久而久之就会失去自我。如果一次谈条件成功了，那么以后他做任何一件事都会是有条件有既得利益的。这对培养他良好的品质是没有任何帮助的。

6.加强家校沟通。

孩子在家有什么样的变化或者进步，都可以及时跟老师反馈，老师可以借助班集体关注的力量再强化一下。同样的，家长也可以根据老师的反馈在家中有所强化。如此，孩子就会感受到家校两方面的强烈关注，进而更加愿意改变自己。

学习生活中，如果遇到孩子情绪不稳
定乱发脾气，我们该怎么办？

西总布小学　赵化南

生活中遇到不同境遇，我们会产生不同的情绪，或开心高兴，或伤心难过，或委屈生气，或愤怒激动，产生情绪是正常的现象。成年人能较好地管理自己的情绪，消除负面情绪。未成年人心智不成熟，当遇到问题无法解决又得不到他人的引导与帮助时，可能就会通过哭喊、尖叫、摔东西等乱发脾气的方式，发泄自己的负面情绪。

低年级孩子的情绪不稳定，多与家庭环境、养育方式有关。家人教育理念不同，隔代人过度溺爱，对孩子有求必应，当孩子的需求第一时间没有得到满足时，为了引起他人关注会发脾气。低龄儿童的情绪不稳定，多与个人物质需求未得到满足有关。

到了中高年级，孩子情绪不稳定的原因可能是多方面的，如学习上产生畏难情绪、处理不好与伙伴关系、被冤枉觉得委屈、被唠叨感到厌烦、被当众指责时感到愤怒，为了宣泄自己的情绪都可能会发脾气。

如果孩子情绪不稳定，表现出伤害自己身体，或产生轻生想法这些相对极端的情况，我们要高度重视，向老师反馈，寻求更专业的支持，与心理老师沟通，做好心理疏导，避免意外的发生。

我们消除负面情绪的原则就是不能伤害自己、他人，不能危害社会。当孩子出现了情绪问题，为了帮助他们平复心情，学习管理自己的情绪，我们可以尝试这样做：

第一，先处理情绪，再处理问题。

孩子情绪不稳定发脾气往往也会导致成年人情绪激动，此时不适宜处理任何问题，避免以暴制暴情况的发生。我们要把孩子带到一个相对安静、安全的环境中，这里没有硬物、没有易碎品，即使孩子用激烈的肢体动作发泄情绪也不会受伤。先让孩子把情绪发泄出来，待恢复平静之后，再进行沟通，这样才能够解决问题。

第二，使用疏导情绪的方法。

面对孩子情绪上的问题，我们要耐心再耐心，多提醒孩子。当孩子反复出现情绪问题时，我们可以使用疏导情绪的方法。此如，让孩子用如下句式表达：

愤怒既伤人又伤己，当（事件）＿＿＿＿＿＿时，我觉得很生气，但我能够用大脑管理它，用

（方法）＿＿＿＿＿＿可以浇灭愤怒的火焰。

当我遇到（一些情绪事件）＿＿＿＿，我感到（情绪）＿＿＿＿，我用（方法）＿＿＿＿宣泄。

引导孩子用语言表达，用恰当的行为解决。通过绘画、阅读、听音乐、体育锻炼、家务劳动等非暴力、非肢体动作的方式合理宣泄自己的情绪，逐步学会管理自己的情绪，做情绪的主人。

第三，耐心沟通，了解需求，家校配合。

任何情绪事件的发生，背后一定是有原因的，待孩子情绪稳定时，我们要倾听孩子的心声，了解孩子的需求。与孩子共情，理解他们。做到与孩子分享情绪事件的感受，不训斥，不批评，不与其他孩子作比较。

身为家长，要把孩子的成长经历、家庭教育方式、处理情绪问题的做法与老师沟通，达成共识，共同引导孩子管理情绪。

如果孩子情绪不稳定源自生理需求层面，需要家庭成员共同配合，给孩子创设一个有安全感环境的同时，循序渐进改变教育方式，延迟满足孩子的合理需求，拒绝不合理要求。在这个过程中不喊不叫，保持情绪稳定，坚持原则不妥协，温柔而坚定，告诉孩子乱发脾气不能解决问题，一定有比发脾气更好的方法，我们一起试一试。

如果孩子情绪不稳定源自精神需求层面，需要家校协作，共同配合。家长创设轻松愉快的家庭氛围，多与孩子沟通，多陪伴孩子，增进亲子感情。减少对孩子的唠叨、指责、呵斥，尊重孩子，欣赏孩子，夸奖孩子的点滴进步。教师在学校集体生活中建立和谐、友爱、宽容的社交环境，引导孩子与伙伴友好相处，发现孩子在不同领域的闪光点，帮助孩子建立自信。家校配合，共同创设和谐、民主的氛围，共同赞赏、鼓励孩子，给他们表达的机会，培养孩子自信、乐观的品质，满足孩子社交、尊重、自我实现的需求。

一个家庭运用了适当的养育方式，孩子生活在安全的环境中身心放松；家庭、学校氛围融洽，孩子表达心声会得到倾听；犯错误时可以得到耐心的引导，孩子感受到来自家人、老师、伙伴的爱与尊重，物质与精神需求都可以得到满足，就会形成积极而乐观的心态，就可以做到情绪稳定，做自己情绪的主人，避免乱发脾气。

如何帮助孩子树立信心?

广渠门中学附属花市小学　郭迎滨

自信心是一种好的心态,充满自信的孩子未来将拥有更多可能,对自己不够自信则会丧失很多机会,那么,该如何培养孩子的自信心呢?

首先要向家长了解孩子整体情况:

1.孩子缺乏自信的整体表现是怎样的?(不敢表达,抗挫能力差,害怕尝试?)是天生的性格,还是后天形成的?

2.孩子在家的状态和在学校的状态是否一样?

3.家庭的教养方式是怎样的?

其次就是要对症下药,给予家长合理建议:

比如说,性格偏内向的孩子,如果在其他各方面表现都非常正常,那这样就不算问题,从学校或者家庭的层面,多给予积极的关注和关爱,多给予孩子锻炼和表达的机会,以鼓励为主,帮助他去慢慢树立这种自信心。

如果是后天形成的,就需要老师和家长携手,帮助孩子树立自信心。

1.学校层面积极关注。

多关注、多鼓励是激发孩子进取心最好的一种方式，使其在鼓励中不断进步。另外，可以协同班主任和各科老师有针对性地为孩子提供获得成功的条件和机会，让孩子在实践中积累成功的情感体验，建立自信心。除此之外，还可以多为孩子提供与班级同伴互动和交流的机会，给予孩子支持。

2.家庭层面读懂行为。

慢下来，学会去了解孩子行为背后给我们传达的信号。

比如，不敢表达的孩子，除去自身性格特点外，还可能因为胆小，害怕出错。孩子是想在家长的面前树立好的形象。所以为了减少犯错的可能，干脆在学校或某些场合不去表达和交流，这样就不会犯错，也不会让家长有更多的批评和指责。针对这样的孩子，就要学会减少批评，给予他们更多鼓励。

对于抗挫能力差的孩子，就要学会增强孩子的力量感和安全感。给孩子提供机会，让他在一次又一次的成功中去建立自信。家长不要用打压教育培养孩子的抗挫力，学会适当的放手和"示弱"，帮助孩子学会管理情绪。教育孩子采取不回避的态度，鼓励孩子面对现实，用"加油""你很勇敢""没关系，我看到你的努力了"这样的话语激励孩子努力去克服困难，去化解失败后的失落感。

对于害怕尝试的孩子，要给予充分的理解，多给孩子机会，多去鼓励他。给予孩子安全感，比如，一个拥抱、一个微笑、一个抚摸等，帮助他去建立这种安全感，当安全感建立之后，他才愿意去成长。再有就是让孩子多做力所能及的事情，让他感觉到自己是被需要的。另外，避免给孩子贴标签，看到孩子的努力，及时给予积极反馈。

父母的陪伴、支持、共情对于孩子建立自信也非常重要。当孩子出现状况和问题的时候，作为家长，更多的是要给予理解和关心，而不是批评和指责。所以孩子碰到问题或者需要协助的时候，我们需要耐心地倾听。听内容（他的问题是什么），听状态（他的感受和心情是什么），听需求（他的想法和期待是什么），听关系（他需要得到怎样的支持）。通过倾听，了解孩子的心声，帮助孩子解决问题，引导孩子建立自信。

孩子做什么都不感兴趣，怎么办？

景泰小学 雷智慧

现在的小学生，成长在物资充盈、衣食无忧的时代，他们偶尔会表现出学习动力不足，对什么事情都无所谓的态度。面对这样的孩子，一般可以这样引导：

一、明确界定，将问题具体化

要关注"孩子对什么都不感兴趣"的表现是什么，孩子"不感兴趣"的程度是怎样的。之所以需要这样做，是因为孩子"对什么都不感兴趣"可能是有了抑郁倾向。一旦孩子达到了这个程度，则表明孩子的状况已经比较棘手，是需要专业的心理治疗人员介入辅导的。

在回答上述问题时要理性梳理哪些是客观事实，哪些是您焦虑情绪下的夸大描述，从而做到对孩子的情况心中有数。

二、分类处理，针对性解决

一是兴趣急剧减退的孩子。如果孩子表现出快速的兴趣减退，对什么事情都不感兴趣，这时候需要您继续回忆：什么时候发现孩子开始有这种情况的？在这前后有没有发生过一些重要的事情？孩子除了"对什么事情都不感兴趣"，有无睡眠、饮食方面的问题？当您确定孩子在情绪、行为方面有较大的变化时，则要尽快带孩子去医院进行进一步的诊断和治疗，并及时与班主任沟通孩子的情况，获得学校和老师最大的支持。

二是对父母选择的事物消极应对的孩子。平时不管大人用什么方式激励孩子，如考好了给他买礼物、带他去哪里玩，抑或是与孩子商量报哪个兴趣班，孩子都表现得无所谓。可是他跟朋友在一起，则会就一些事物聊得特别欢。这时候基本上可以判断孩子属于这类情况。

孩子不感兴趣的到底是什么呢？其实是我们主动提供给孩子的"我们觉得好的东西"。这其中有两个陷阱，一旦让您和孩子的互动掉入陷阱，就会慢慢剥夺孩子对事物的兴趣。第一个陷阱就是家长过度的主动。行为主义的正强化理论告诉我们，在孩子出现好的行为时，家长及时给予一些正向的激励，就能让孩子变得越来越好。可是这个理论的不利影响是，我们逐渐通过物质化的奖励减弱了孩子做某件事的内部动机。当代家长太擅长用物质去激励孩子，只要孩子表现出一点对某个事物的兴趣，我们立刻为孩子做出一个计划，让他按部就班地沿着这个计划去执行直至获得奖励，这种一眼就能看到尽头的平坦大道，它所带来的愉悦感和成就感自然会大打折扣。这也是为什么现在孩子总有一种空虚感，其实是很多事情都是被父母的安排推着走的，没有机会自己去选择，自然会慢慢变得"无欲无求"。

第二个陷阱则是"我们认为好的东西"。当我们说孩子对事物不感兴趣时，其实是对家长给的东西不感兴趣。无论是礼物还是兴趣班都是以大人的想法为出发点去考虑的，甚至有些时候，我们会否定孩子的兴趣和审美。在生活中其实不难发现，有些孩子不善于向父母表达他的需求，究其原因是我们在养育孩子的过程当中，过多地压抑了孩子内心的想法。比如，当孩子提出想要买一个东西时，我们可能会因为家里已经有类似的，或者东西贵，说服孩子不要买。如果这样的经历太多，孩子渐渐会觉得，我就算提出需求也会被反驳，所以干脆不提，顺着父母就好。在这种亲子互动中，我们提出的任何建议，都无法迎合孩子的需求，也很难激起孩子的好奇心和兴趣。

针对这类情况，家长需要学会"变主动为被

动"，不要过多干涉，让孩子成为自己生活的主导者，拥有更多的权利，当他们因为自己的意愿去行动最后获得成功时，孩子的兴趣才能真正被唤醒。

三是兴趣点未被找到的孩子。这一类的孩子表现出对当下的事物都提不起兴趣。每个人生来都是有好奇心的，但是为什么现在没有了？很有可能是我们还没有激发起孩子真正的兴趣点。那么这种情况下作为家长该怎么办呢？

第一步，要带领孩子去充分地探索更广阔的世界，给孩子提供更丰富的环境刺激。在这个过程当中去观察孩子在做什么事情的时候会比较专注，遇到什么事情的时候会发自内心地开心；看到什么事物的时候眼睛会放光……在这个过程中去发现他的兴趣和天赋。

第二步，给孩子一些他可以自由安排的时间，做一些自己喜欢的事情。在这种情况下，孩子就会主动去思考这段时间的规划。这个过程其实也是让孩子自己去感受他的兴趣点所在的关键。作为父母此时一定不要过多地干涉或者过早地评判，更不要看着孩子感兴趣就马上定下考级、打比赛、获奖等功利性目标，而是要静下心来慢慢陪伴孩子，多听少说，让孩子在这件事上体会被尊重和欣赏的感觉。

三、放下焦虑，变问题为契机

家长向我们求助，一定是发现了孩子的问题后主动做过一些尝试，但结果不甚理想，所以难免有些焦虑。但是孩子成长中的任何问题都可以看作带领家长审视自身家庭教育的契机，家长能够敏感地发现问题是很负责任的表现，愿意主动向老师寻求帮助更是积极改变的第一步。家校共同携手配合，会尽快帮助孩子找到问题解决的办法。

培新小学　温静

这是一个很多家长都会遇到的问题，而且越到中高年级随着知识难度的增大，就越发凸显。究其原因是学习兴趣的问题。兴趣是最好的老师，但是孩子在学习上没有体会过成功带来的快乐与满足感，学习的兴趣也就渐渐消失了。

从幼儿园到小学，每个孩子都想取得优秀的成绩，都曾经信心十足地想过：我一定要把数学题算对，我可以把句子写通顺。家长也觉得孩子在学习乐器、绘画、舞蹈等方面一直很顺利，取得很好的效果，所以对于学习也是信心十足。特别是一二年级的学习任务相对轻松，获得"优秀"并不困难。家长通过表象觉得孩子学习挺好的。但是随着年级的增高，知识难度增大，孩子必须面对一个客观存在的事实——"有的题目我不会"。每一个孩子都是有差异的，理解感悟能力、记忆力、专注度、学习习惯等因素都直接影响学业成绩。学习是需要有意志力的，需要战胜自己的惰性，不断地克服困难，才能掌握知识。因为学不明白，所以渐渐失去了对学习的兴趣，学习的动力不足。没有学习兴趣，没有战胜学习中遇到困难的勇气，所以也就不会主动学习。因为学习动力不足，因此孩子没有自己的目标，学习就会呈现出拖沓懒散的状态。这种状态绝不是在某一天突然出现的，一定是慢慢累积起来的，懒散也会成为一种习惯。它的外部表现形式就是学习不主动，随着年龄增长孩子的自我意识增强，面对家长的督促还会产生一种逆反情绪，有对抗的行为。孩子在这个过程中不断试探家长的底线，家长一旦放弃引导和帮助，孩子的不主动就会陷入恶性循环。

作为家长一是要对孩子的学习情况有比较全面的了解，和老师进行沟通，和孩子一起直面学习上的问题：是基础不扎实，知识点出现漏洞导致学习不主动，还是不良的学习习惯导致不主动。有明确的诊断，才能"对症下药"。在帮助孩子学习的过程中需要理解与耐心。理解他"确实没有听懂"的苦恼，耐心地帮他寻求解题方法，既不能放任随他去，也不能过分苛求。一次成功的体验，能够帮助孩子树立信心，成功的快乐多了，就会慢慢激发起学习的兴趣与动力。

二是要帮助孩子确立自己的目标。高不可攀的目标只能打消孩子的积极性，正确认识孩子的学习能力，接受孩子的普通，和孩子一起制定出他可以达到的阶段性目标，目标小易实现，激发学习动力。从书写工整再到提高书写速度，从可以答对一部分再到提高正确率。把孩子的进步用图表的形式呈现出来，让进步可视化，让孩子切实看到自己的进步，而不是总要和别人去比，凸显自己的不足。不断实现小目标的过程，就是学习习惯养成的过程，就是培养学习兴趣的过程。

三是要和孩子一起合理规划时间，形成具体的时间表。跟孩子一起根据实际情况制定属于自己的时间表。有时间观念，一切都会变得井井有条，有具体的安排可以时时提醒孩子做时间的管理者，改掉拖拉的毛病，提高学习效率。这个过程就是一个被动变主动的过程。

四是家长要起到榜样示范作用。榜样的引领对于孩子来说是很重要的，当你要求孩子学习要主动，要认真完成作业，要阅读课外书籍时，自己就不能手机不离手地刷视频或者玩游戏，否则之前对孩子的所有引导都会归零。良好的学习氛围、家长潜移默化的示范引领作用比说教的力量要强大得多。

引导孩子主动学习不是一次两次就能解决的，而是一个慢慢培养的长期过程，而且是一个循序渐进的过程。在这个过程当中更需要家长的认真、坚持。孩子一旦在学习当中体会到了成功的快乐，收获了实践的经验与方法，他就会有学习的动力，有自信，学习的主动性就会慢慢增强。

> 孩子注意力不集中，做事学习很拖沓，怎么办？

史家胡同小学　吴丽梅

小学 7—10 岁儿童可以连续集中注意力 20 分钟左右，10—12 岁儿童可以集中注意力 25 分钟左右。如果孩子的注意力确实比同龄人低很多，首先要考虑排除注意力缺陷多动障碍（ADHD），ADHD 要到专科医院诊断并进行专业的行为矫正治疗。

也有很多孩子并不存在障碍，而是受到教养方式、行为习惯培养和心理问题等因素影响导致他上课听讲效率不高、做事情拖沓，需要家长不断提醒、催促。

一、我们要分析孩子的家庭教养环境

比较公认的影响是在孩子的学龄前，家长对孩子的过度关注和干涉导致孩子的注意力被破坏。常见现象有：孩子在专注地做一件事情，比如，玩沙子、搭积木的时候，家长不断地提醒他喝口水、吃点水果。孩子在欣赏景色的时候，如观察一朵花、

一棵树，家长却迫不及待地打断他，让他去观察另一棵树、另一处风景等。久而久之，孩子的注意力就被破坏了。还有不太容易被我们意识到的，是家长在孩子旁边辅导他写作业时的干扰。家长会不断提醒"哎，这个字要重写""你抄错行了""你的坐姿要端正"。家长陪伴过程中过多的提示纠正，比"喝口水""吃个苹果"破坏力更强，因为它不仅破坏了孩子的注意力，还打击了孩子的学习主动性和自信心。同时，这种干扰也是比较暴力的，让孩子感觉自己所有的事情都是在为别人做，不是为自己做。想要改变的话，需要家长把控制感还给孩子。像洗澡刷牙、吃饭这种最常见的生活小事不用催促，让他按照自己的节奏去做，让他享受自己控制时间的快乐和需要承担的结果。例如，孩子早早吃完饭可以争取到自己玩耍的时间，这是他自然获得的快乐。时间到了还没吃完饭，饿了肚子；洗澡拖延了，占用了睡前故事时间。这些就是需要他承担的后果。

二、我们要了解孩子拖沓的心理背景

我们换位思考，什么时候自己会容易注意力不集中或拖沓呢？有可能是感到任务比较难，不知道怎么完成的时候，有可能是出于对某个人或者某件事情的反感抵触，或者对这件事毫无兴趣，不知道有什么意义。同理可证，我们需要了解孩子的心理状态。他们的拖沓也可能是出于畏难、无聊、对抗等各种原因。例如，对于低龄的孩子来说，他们还没有建立时间的感知，5分钟作业时间对他们来说就是无法忍受的。大一些的孩子则可能是因为他们无法自主控制时间，所以用拖沓来进行掌控，也是一种潜意识地对抗家长的"强权"，即家长严格把控孩子的时间，不断去催促孩子完成各项任务。再次换位思考，我们工作的时候非常忙，总有人在监督你的工作，只给你5分钟喝水时间，你会不会想办法买杯咖啡、上个厕所延缓一下紧张和压抑。所以，不断地催促孩子反而会导致他失去时间感，学会拖延来抗拒焦虑。

当然，也有家长会说，我不催他不动啊，他不写作业、不洗澡，很晚了也不睡觉。那么，这里就涉及一个如何给孩子立界限的问题。

（一）基于理解而温和，但是必须坚定

温和并不是反复念叨不发火，而是首先要表达同情："是呀，今天的作业是有些难。那你想完成后再休息，还是我们先休息一会儿再写作业呢？"我们要相信孩子都是有上进心的，他即使选择先休息，也会记着自己还有作业要完成，这个时候是要考验家长的耐心的。温和和坚定并不冲突，坚定是对"休息后再写作业"的坚持。如果我们约定好几点开始今天的任务，但是孩子到点还没有开始，家长这时要坚定地表示，如果没有完成任务，后面的事情就都会延迟。比如，没有写完作业，不能看电视；没有洗完手，不能吃糕点。一开始，有的孩子会试探家长的底线，这时候坚持就特别重要。需要注意的是，家长所坚持的规则一定是事先约定的，切忌随意更改。

（二）用寻找有趣点来替代发火和吼叫

让孩子快点做事情，最快速见效的方式就是对他吼叫、发火，但是副作用大，孩子会因此紧张哭闹，会引发亲子冲突，用更拖延对抗家长。其实，我们可以试试用"有趣"来帮助孩子"启动"。比如，"我们来玩游戏，我猜我得数到 10，你才能进洗澡间。"孩子往往觉得有趣，数到 5 之前就进去洗澡了，自然地进入任务状态。家长夸张的"惊讶"孩子也特别受用。比如，当他写完一项作业，家长即时惊讶一下："天哪，你居然只用 10 分钟就完成作业了，简直神速，太厉害了吧！"孩子得意之余，会复制这个行为。大一点的孩子则需要得到你的理解和信任，告诉他你特别理解他现在的困境，相信他可以克服困难，作为家长我们会随时支援。

（三）看到孩子的"例外"，多问"你是怎么做到的？"

前面提到孩子会拖延也可能是畏难，什么时候会畏难呢？可能是遇到曾经有过的挫折。比如，写字不好看被批评过。这也是家长辅导孩子学习时的通病，在我们眼里简单的事情他怎么也做不好。所以家长要换个视角，多看到"不好"中的"例外"，一个很丑的字中"例外"好看的笔画。今天作业虽然没写完，但是比昨天坚持的时间长。今天出门前仍然磨磨蹭蹭，但是背书包的速度比昨天快……只要我们转换视角，就会看到很多"例外"，然后我们指出来，要问："你这一笔这么好看，你是怎么做到的？"多重复"对"的，就能压缩"错误"的空间。

（四）积极干预，静待花开

无论是不是真的注意力有障碍，我们都可以通过一些活动帮助孩子提升注意品质。例如，多带孩子到自然界中观察体验；多参加体育运动，锻炼手眼协调、肢体协调。还可以在网络上搜索注意力提升的游戏和训练在家练习。这些都需要家长付出时间和精力。

我们要用成长型思维去看孩子的成长，要相信孩子每展现出来的一个问题，其实都是孩子成长的一个契机，是我们可以引导和帮助孩子的机会。

第二篇章

针对学生在学校出现的各类问题，家庭教育指导师与家长沟通交流，协同解决应对策略

学 前 组

～～～～～～～

孩子不愿意接受他人的建议，一言不合就发脾气怎么办？

东四五条幼儿园　陈月

首先要分析一下幼儿一言不合就发脾气的原因：

1. 没有规则意识，不会控制自己的情绪。

2. 幼儿不会换位思考，不懂得考虑他人的感受。

3. 家庭的影响。

在日常生活中，如果家长脾气比较大，遇事爱发脾气，势必会对孩子造成影响。在幼儿发脾气时，家长一味地妥协，也会造成孩子一言不合就会发脾气，因为孩子会认为这种方法管用，一发脾气家长就会听从。还有一种可能就是对于幼儿的情绪，家长给予的关注不够。

在着手处理问题时，建议您先了解孩子在家的一些基本情况，比如，平日幼儿在家有没有这样的情况？家长是怎么处理的？在做好这些基本功课后，您最好的处理方式除了在园内开展相关的教育，还要约谈家长。

建议如下：

一、与家长约谈沟通注意事项

1. 有亲和力的沟通易于拉近教师与家长的距离。

2. 了解幼儿日常在家的情况，为他们普及基本的教育理论。

3. 提出一些切实可行的小方法。

（1）在家庭教养过程中，家长首先要学会控制自己的脾气。不要当着孩子的面发脾气以免幼儿去效仿。

（2）家长不要一味妥协。

当孩子用某个方法达到了自己的目的，孩子就会一而再、再而三地使用这种方法。当我们提出要求，并给予合理的理由，照顾到孩子的情绪，给予足够的关注并严格执行行为的后果，孩子就很容易听进去并开始行动。

（3）建立规则，更好地帮助幼儿学会情绪的管理。

对于脾气大的孩子，可以一起对他的需求预先做出规划。这样可以减少孩子发脾气的可能性，更好地帮助孩子处理好自己的情绪。

二、了解幼儿的情绪，给予足够的关注

孩子在成长的过程中对于关注的需求也在逐步转变，有时候孩子只是需要教师一个眼神的肯定，一个庄重的点头，一句鼓励的话语，就会有很大的变化。

三、开展相关的教育活动

结合具体情境，引导幼儿换位思考，学习理解别人的想法和感受。

幼儿不愿意表达自己的想法，总怕说
错，对自己缺乏自信怎么办？

光明幼儿园　陈玉静

作为一线幼儿教师，班里幼儿表现各异、能力
存在差异，有表达能力强的，有不善于表达的，有
动手能力强的，有交往能力强的，每个孩子的表现
都不一样，每个孩子都是发展中的个体，他们本身
就存在个体差异。在《3—6岁儿童学习与发展指
南》实施原则中第二条就是尊重幼儿的个体差异。
尊重是我们教育应该遵循的原则，我们的教育应该
是促进每一名幼儿在原有水平上得到提升。所以对
于这类孩子的教育策略，需要三步：做充足的准备，
具体分析原因，寻找适宜方法。

第一步：做充足的准备

1. 日常观察，了解幼儿发展水平。教师在幼
儿日常游戏生活中观察了解实际情况，他的具体表
现是什么样？同伴游戏中他不发表意见看法，老师
请小朋友回答问题时候他不敢表达，怕说错，还是

什么样的具体表现？这些需要我们进行细致的观察记录。

2. 持续观察，发现幼儿兴趣点。在观察幼儿的过程中，要持续观察幼儿的表现，发现幼儿感兴趣的事情，幼儿喜欢做什么、玩什么、跟谁玩。如幼儿动手能力强、搭建技能丰富、观察能力强等，发现幼儿的优势智能，为之后用优势智能带动弱势智能做准备。

3. 家园沟通，全面了解幼儿情况。向家长了解家庭主要成员，哪些成员负责照顾幼儿生活，以及教育、养育的方法。我们可以给家长预设几个问题：在什么情况下，家长是怎么做的，从而了解并发现问题，对症下药。如当孩子表达自己想法时，家长会怎么做；买生活物品，有两个颜色，孩子挑选其中一个，家长是否会尊重幼儿；孩子挑一个家里已经有的玩具时，家长的反应；平时幼儿居家的活动有哪些；等等。要全面了解幼儿在家的真实情况，以便为家长提出有针对性的教育建议。

第二步：具体分析原因

1. 个体原因。

（1）心理问题。不想当众表达、怕说错，缺乏自信。

（2）能力问题。语言能力：不能把事物之间联系起来，清楚表达。交往能力：不知道怎样与别人一起活动，并表达自己的意见想法。语言是在运用中发展起来的，越不表达，越不会表达，越不敢表达。

2. 家庭原因。

（1）家庭照顾过于细致：孩子没说，大人就理解了孩子的意思，如扭扭小屁股就知道他想去厕所等，孩子没有说的机会。

（2）家庭成员过于强势：孩子发表了意见也不被重视。

（3）幼儿经常受到否定：发表了意见直接被否定，导致幼儿不敢说。

第三步：寻找适宜方法

1. 提供表达机会，帮助幼儿树立自信心——"有勇气说"。

（1）表达需求，满足需要。在日常的游戏生活中，我们要鼓励幼儿表达自己的需求，不管是小班幼儿喝水、如厕的生理需求，还是中大班幼儿表达自己情绪和见解的需求，我们都应该鼓励幼儿大胆表达。同时当幼儿表达之后也要及时并积极地给予回应，当孩子的表达得到回应时，幼儿就更愿意表达自己的想法，从而语言表达能力会逐渐发展。

（2）讲述所见，积极鼓励。积极鼓励幼儿讲述自己的所见所闻对幼儿的语言表达能力发展也是至关重要的。比如，孩子可以与同伴讲一讲周末去了哪里，发生了什么有意思的事情，最近的新发现，还可以讲一讲与同伴在游戏活动中的小故事。当孩子反复讲述自己的经历，得到发展的不光是语言方面，计划能力、发现问题能力、解决问题能力、沟通能力等也随之发展起来。

（3）提供支持，等待发展。幼儿想讲述与同伴一起玩游戏中遇到的问题及解决的办法，当幼儿讲到玩具名字或者其中的一个玩法的地方不知道如何形容时，教师可以带孩子走进区域现场，看着玩具材料慢慢讲，等待孩子的发展。幼儿表达观点，教师认真倾听、耐心等待、及时肯定，帮助他们树立自信心。

教师通过观察发现了幼儿有很多优势，比如，他积木搭得很好，可以让他为全班小朋友讲述自己的作品。久而久之，幼儿的自信心就建立起来了。

2.密切家园关系，搭建表达平台——"有机会说"。

（1）语迟步慢，等待发展。针对幼儿不敢表达缺乏自信的情况，家长不要急于包办代替幼儿做事，等待幼儿表达清楚。

（2）尊重幼儿，采纳意见。当幼儿发表了自己的看法时，家长要把握原则，事属可行就让他行，不要一味制止、约束，或者忽略孩子的意见想法，要让孩子真实地感受到自己是被尊重的，因为幼儿是独立成长的个体，不是家长的附属品，他享有儿童应有的表达权利。

（3）睡前聊天，增进情感。每天入睡前，家长与幼儿聊聊一天发生的事情，开心的不开心的都可以互相说一说。同时也可以计划一下第二天的活动安排，在这个过程中，幼儿的语言能力、计划能力都能得到很好的发展。

幼儿语言能力的培养不是一蹴而就的，需要持续进行。总之，不积跬步，无以至千里。今日，幼儿养成的好习惯，都将成为其今后发展的重要素质，这是一个人的软实力。

> 当孩子遇到挫折或困难时，习惯于依赖他人的帮助，在得不到直接帮助时，普遍会放弃怎么办？

新中街幼儿园　梅建宁

先了解一下孩子最容易放弃哪些完成起来有困难的事？在幼儿园和在家庭中是否经常会有这样的情况发生？孩子遇到挫折、困难大多有什么表现，能持续多长时间？同时让我们反思一下，孩子遇到的困难是否已经超出了他们的能力范围？在孩子面对困难时我们给予了哪些支持？老师和家长在日常生活中是否有习惯性的包办代替行为？

我想给您以下几个建议。

一、跳一跳够得着

苏联心理学家维果斯基提出了"最近发展区"的概念，对我们如何看待给孩子的任务难度很有启示。所谓的"最近发展区"，就是指孩子独立解决问题的实际发展水平与在成人指导下或在与有能力的同伴合作中解决问题的潜在发展水平之间的差距。

简单一点说，就是我们给孩子提供的任务要既高于孩子的现有水平，又是孩子"跳一跳"可以达到的，而不是让孩子"望而却步"的。

比如，小班孩子自己穿衣服，就是一个比较大的挑战，如果成人一点儿都不管，那么这个挑战就太难了，孩子们完成不了，很快就会放弃，并引发不良情绪甚至抵触这件事。但如果成人能够把小裤子帮孩子摆好，鼓励他们自己穿进去，那么孩子的成功率会大大提高，同时会树立信心。随着孩子手、眼、脑配合动作越来越熟练，可以逐渐增加难度直至孩子可以独立穿上裤子。

所以，我们在看到孩子不愿去尝试的时候，要先反思一下，是不是任务对孩子来说太难了，孩子真的需要我们的帮助，或许我们调整一下任务难度，给予孩子恰当的帮助，孩子就能继续前进，达成目标。

二、耐心等不替他做

我们观察到那些遇事就退缩、想要放弃的孩子身上普遍存在一个共性，那就是没有自信。自信就是我觉得我能行。那么如何才能建立自信呢？两个步骤。第一，事情成功了。第二，这件事是我做的。所以说自信心不是凭空而来的。不是"你真棒！""你能行！"等这类空虚的夸奖建立起来的。

要让孩子跟成功的事件进行绑定。孩子从中获得"我可以"的体验越多，自信心就越强。

所以孩子投入做事的时候，成人不要嫌慢，不要着急，不要总是包办代替，不经意间孩子的自我发展被扼杀，孩子自己探索、尝试及感受成功的机会就被剥夺了。

三、少挑毛病多鼓励

如果发现孩子经常出现"我不行"的感觉，我们需要反思，是不是平时对孩子要求过于严苛，挑剔过多，导致孩子形成了错误的自我认知，感到自己总是做不好。要改变孩子的认知，需要我们用心观察孩子取得的每一个小进步，发现孩子做得好的地方，并真诚具体地告诉孩子，让孩子逐渐建立信心，改变原来错误的自我认知。比如，孩子不敢画画，当他酝酿很长时间才画出几笔时，成人可以给予真诚、具体的鼓励，如你用的这个颜色很漂亮，有春天的感觉。再或者，这两笔画得很有力量，说明我们更有信心了，继续画，加油！我们这样感同身受地去体会孩子的感受，孩子就会觉得自己被理解了，而且得到了我们的支持，孩子更容易重拾信心，继续努力，不轻易放弃。

四、方法多开智慧

随着孩子年龄、能力的不断增长，成人要帮助孩子丰富他们解决问题的经验，让他们通过实践知道解决问题可以有很多方法。如在集体谈话中，让幼儿分享自己解决问题的经验；开展小组式活动，促进幼儿之间的互相学习；教师多提开放型的问题，为幼儿提供使用多种方法解决问题的机会。同时注重对不轻易放弃、爱动脑筋等学习品质的鼓励。长此以往会提升幼儿研究和解决问题的积极性和能力。

作为幼儿教育工作者，我们要细心观察，善于分析，勤于反思，从幼儿的实际出发给予科学的引导，给家长具体的建议，共同为孩子们营造一个安全宽松的生活学习环境，让孩子们的头脑更灵活，处事更自信。

孩子在幼儿园表现得很强势，对人不友好，怎么办？

春江幼儿园　许丽娜

哪些属于强势行为？简单来说就是不顾及他人的感受，把自己的意愿强加到别人身上，或是为了满足自己内心的需求，完全不顾及他人和规则。比如，玩玩具不排队、不商量；进入活动区不守规则，总要挤在最前面；在集体活动中发言会抢话、打断别人，甚至直接上手捂住其他小朋友的嘴，不让别人发言；即使是大家共同的玩具、物品，只要自己喜欢感兴趣，就直接抢夺过来玩耍；等等。这些行为会令其他小朋友恼怒，没有人愿意和他交朋友。接下来我们从两个方面来考虑，首先分析孩子为什么会出现这种行为。其次是面对孩子出现的情况，我们该怎么引导孩子。

孩子表现得很强势，对人不友好，我们先来分析一下行为背后的原因。

一、家庭原因

1. 孩子出现霸道强势行为，可能是在家里娇生惯养，家长特别溺爱孩子，对孩子百依百顺，导致孩子出现"唯我独尊"的意识。

2. 可能是家长没有及时关注，孩子没有在适宜的年龄建立社会交往意识，直接导致了孩子在上幼儿园以后表现出各种各样的不友好，令周边小伙伴"痛苦不堪"的强势行为。

3. 也有可能是家长即使知晓了孩子的"强势行径"，也会采取乐观态度，认为只要自己孩子不吃亏，这样其实很好，毕竟自己不用担心孩子被欺负，久而久之形成恶性循环。

二、孩子自身原因

1. 由于孩子年龄小，社会交往经验和能力缺乏，只能依靠本能和应激反应来满足自己内心的需求，在与同伴相处时，出现霸道、不友好行为。

2. 孩子可能想引起成人或同伴的关注，在与他人交往中出现强势行为。

三、老师原因

当幼儿出现霸道行为时，小朋友会跑来和老师告状，老师可能由于其他事情没有及时地解决，对

"霸道"的孩子没有及时引导与教育，会导致孩子这种行为不断反复。

我们知道孩子出现强势行为，对人不友好，其实反映的是幼儿社会交往方面的问题，怎样引导孩子与他人相处，减少强势行为和不友好的态度呢？我建议有针对性地采取相应的策略。

（一）家园共育

家庭、幼儿园应共同努力，一起来帮助孩子改掉不良的行为，当孩子在幼儿园出现强势行为，总与小朋友发生矛盾、冲突时，我们要第一时间与家长沟通，让家长了解幼儿在园的表现，引起家长的重视，并通过与家长的交谈，了解家长的教育想法和做法，根据不同家长的不同教育观点进行有针对性的交谈。

1. 引导家长认识到强势霸道行为的严重后果是什么。当孩子频繁出现不愉快的、粗鲁的"欺负"行为时，父母一定要站出来，明确告诉孩子"不可以这样"，同时告诉孩子"你可以怎样做"，父母务必要给予重视，如果不及时调整和干预，容易让孩子日后形成不受欢迎、被忽视、被同伴排斥等后果，对孩子以后的心理产生不良影响，甚至会影响到成年以后。

2. 在与家长交谈时，让家长认识到，随着孩子年龄的增长，孩子的能力也在不断增强，需要他们独自面对的社会情境越来越多，如果父母不注意观察了解孩子的情况，则很容易忽视孩子的强势行为，影响孩子的社会交往。

3. 建议父母多观察孩子与同伴一起游戏时的语言和行为，当出现"霸王"行为的端倪时，要立即积极应对，不可听之任之，要依据孩子的具体情况，尝试有效的养育方法。比如，当发现孩子的眼神转移到别人的玩具上时，就要开始行动起来，解读其内心的兴趣并进行引导："这个玩具真有意思，咱们去看看好不好？""这是别人的车，宝宝不要动哦！""你要是想玩，得先问问小朋友，我可以玩一下吗？""让小朋友玩你的玩具好不好？我们来换着玩。"通过这些言语引导孩子从小在实践当中建立规则意识，在慢慢模仿中学习社会交往技巧，不断增强孩子的社会交往能力。

（二）教师做法

1. 当孩子出现这种行为时，老师要及时制止，通过与他的交流了解孩子的想法，引导孩子尝试用协商、交换、合作等方式解决冲突，可以引导孩子与同伴说"我也想玩这个玩具，咱俩可以交换吗？"或者引导他想一想"假如你是这个小朋友，你有什么感受？"引导幼儿理解他人的想法和感受。

2. 在日常生活中，主动亲近和关心经常出现强势、与人不友好的幼儿，增强与他的亲近感，和他一起游戏、让孩子感受到大家对他的友好，体验与大家交往的快乐。

3. 开展多种形式的游戏活动，创造交往的机会，让幼儿体会到交往的乐趣。如音乐游戏"找朋友"、表演剧"小熊请客"、体育游戏"接力赛"，或者通过绘本学习交往的方法。

所谓"上医者治未病"，在孩子还没有出现上述强势行为时，成人要及时关注，正确引导；当孩子出现上述强势行为时，无论是幼儿园老师，还是家长，首先要及时关注，告诉孩子应有的做法，还可以采取累积激励的方法，在孩子表现好的时候，给予鼓励，进行记录，累积几次之后给予一定的有效奖励。老师或家长在进行奖励时，应该注意奖励的方式，一定是提升孩子内驱力的方法，而不是简单的物质奖励，如奖励孩子周末和父母一起去采摘，让孩子享受因努力而获得劳动快乐，或者奖励孩子实现一个小愿望，享受因努力带来的成就感和快乐，逐渐帮助孩子塑造良好行为习惯。

另外，我们还要懂得，孩子的学习需要反复引导和实践，孩子的任何行为都不是一朝一夕形成的，当出现了一些不尽如人意的表现时，家长和老师对孩子教育只要严肃明确就好，无须过度训斥限制，防止吓唬孩子，否则虽然改善了"霸道强势"，又会让孩子走向畏手畏脚的懦弱、胆怯或是冲突不断的抗议和叛逆之路。

游戏中，幼儿总想赢，输了情绪就低落，怎么办？

欣苑幼儿园　车璐璐

大人的生活也有"输不起"的时候，工作做不好就会闷闷不乐，客户被抢走也会愤愤不平。我们有成人式的崩溃，所以孩子有这种情况非常正常。

第一，父母先审视自己，回想是不是有评价孩子不恰当的时候。是不是在幼儿比赛后会说："哇！你真棒，赢了！"输了会说"哎哟！你看你刚才不走那一步就好了"，赢和输后的表现非常不同！有的父母只注重结果不注重过程，只重视天赋不重视努力。所以孩子出现这样的表现与外部评价是有关系的。

第二，根据幼儿的身心发展特点，从心理学角度讲，这是孩子以自我为中心的表现，他想通过赢，来让自己得到别人的关注和认可，家长可能并没有强调赢，但是孩子自己会发现大人更愿意认同和祝贺赢了的人，例如，看球的时候，爸爸会为赢球的人欢呼。家长可能会对那些优秀的同伴和哥哥姐姐表示认可。所以他觉得输了就是失败。

第三，学龄前幼儿是自尊发展的关键期，自尊是自我意识发展的一个方面。个体自我尊重体验发生、发展过程及其规律和特点，与自我认识、自我评价的发展具有较为一致的趋势。

第四，现阶段幼儿有明显的自我价值感和竞争意识，对幼儿来说是很重要的认知，是有意识提升自我的重要驱动力。

如果发生这样的情况，下面是我给您的一些建议和方法：

1. 有同理心，"输给小朋友你的心里肯定难过吧！"接纳孩子的情绪。允许他发泄自己的情绪。

2. 表达肯定，"你和小朋友比赛想取得胜利，有这种积极向上的想法真好，妈妈替你感到高兴"。

3. 让他总结，"其他小朋友是怎么获得胜利的呢？"分析别人的优点。原来小朋友在家都是自己的事情自己做，所以他在这个比赛中胜出了。

4. 夸他的技术、努力、认真、用心、专注，"我看到你刚才在认真思考。虽然输了但是你努力的过程还是会被爸爸妈妈看到"。

5. 说进步，"妈妈看到你比昨天穿衣服速度快很多，赶走坏情绪的速度也快了"。"一岁的时候你是用手抓着吃饭，两岁会用勺子吃饭，三岁会拍球，四岁会拿笔画画，五岁会用筷子，六岁会跳绳"。这样夸赞孩子与自己相比的进步。

6.为孩子树立榜样，大人在日常生活中遇到失败的时候，可以用平衡面对成败的心态，尝试表达出来。"恭喜你赢了这一盘"，"哎！我输了，不过没关系"。

> 孩子在幼儿园不与小朋友们玩儿，自己玩儿自己的，有时候还会发呆，怎么办？

空后蓝天幼儿园　谭甜甜

第一种情况是幼儿在家中也不愿意与家长以及其他适龄的幼儿一起沟通或者玩耍。当出现这种情况时老师就应该与幼儿家长进行沟通，排除幼儿确实没有生理上如自闭症等问题的缺陷之后，就需要了解幼儿为什么不愿意与他人沟通交流了。在与家长沟通时一定要注意方式方法，切记话语不要太直白。要询问幼儿平时在家中是与父母相处的时间比较多还是与老人或者阿姨相处的时间比较多，要询问清楚主要教养者的生活习惯是怎样的，问清楚幼儿在家中的娱乐方式是什么。在了解清楚幼儿在家中的习惯之后，老师与家长就需要介入来帮助幼儿适应幼儿园生活以及与同伴的交往了。家长与其他教养者在家中首先要放下手机，回到幼儿身边，主动与幼儿一起交流、一起玩耍。家长要提高幼儿的自理能力。为避免孩子在集体生活时的难堪，家长要及早培养其良好的自理能力，否则入园后可能会因不会自己吃饭、不会用手纸等小事而经常被小伙伴们嘲笑，于是渐渐变得害羞、不合群。

增进皮肤触觉学习

有的孩子感统失调，对触觉防御过当，害怕别人的触碰，会排斥集体活动，纠正的关键是提供有效而丰富的触觉刺激。父母可每天用半小时的时间和孩子一起玩亲子触觉游戏，如用梳子为孩子梳头，用电吹风轻柔地吹孩子的面颊、颈部和前胸，用软毛刷刷孩子的手心、足底等敏感部位，还可以用小被子将孩子像卷蛋卷那样卷起来。

有意带他去找同龄小朋友玩

带上孩子喜欢的玩具，当他想玩别人的玩具时，教他先把自己手中的玩具同别人的交换，不可以硬抢过来；通过与小朋友玩，可以让他渐渐学会一些交往的技巧，再慢慢扩大他的交友范围。

奖励孩子助人、宽容、合作的行为

要让孩子多注意别的小朋友的优点，并且让他喜欢上这些优点，培养孩子乐于助人的品格。在家里时父母应鼓励孩子帮忙做家务，即使孩子越帮越忙，父母也应真诚地表示感谢，让孩子从帮助别人的行为中体会到快乐。

老师在幼儿园中也要采取一些相应的措施

首先要鼓励幼儿主动与他人一起交流玩耍。如果幼儿过于内向，不愿意迈出这一步，那么老师就可以寻找班级内一些比较活跃、外向的幼儿主动与他去交流、玩耍，做事情主动叫他一起，用行动去温暖他的心，从而使他渐渐适应幼儿园生活。

第二种情况是幼儿在家中十分乐意与家长以及其他适龄的幼儿一起沟通或者玩耍，但是在幼儿园中却不愿意与其他幼儿交流，这就需要我们老师从自身出发去考虑，班级的区域设置是否适合幼儿的年龄特点以及身心发展规律，班级的环境是否创设得不够温馨等。同时也要和家长沟通，询问幼儿在家中是否与家长分享幼儿园的生活，从幼儿的言语表达中找寻他对幼儿园的评价，针对性采取措施使幼儿爱上幼儿园。接下来还是让活泼的幼儿带动他尽快适应幼儿园生活。

总之，要从幼儿自身出发，及时与家长沟通，才可以解决问题。

北京市第一幼儿园　张昊歆

　　在我们的工作中这种情况其实并不少见。因为学龄前儿童的想象力丰富，且想象与现实容易混淆。他们经常把真实遇到的事情和自己的想象混在一起编出满足自己内心需要的小故事。所以孩子的表达有误甚至与事实千差万别也是常有的事。

　　例如，班里有幼儿回家就和妈妈兴奋地说，自己今天在幼儿园里和老师、小朋友们围成一桌吃涮火锅。他还描绘了老师把巨大的火锅端到桌子中央，大家在滚烫的水里夹菜的详细画面。妈妈不敢相信，便反复向孩子确认，但孩子真诚的眼神和表达都令大人无法和"说谎"联系到一起。于是妈妈跑来询问老师，老师很快想到前几天班里看了一部讲述传统美食——火锅的绘本故事。其中描绘人们吃火锅的热闹情景特别吸引孩子，因此他把自己的生活和想象中故事的世界混在一起。这更说明此时孩子的表达是不带有道德问题的"撒谎"。我们老师和家长也都可以在细枝末节中发现孩子故事中的问题与逻辑漏洞。感受到孩子是否在创想故事，甚至能分析出孩子如此表达所影射的内心的需求和渴望。

当面对一个激动、焦虑、充满不安情绪的家长时，我们一定要冷静，根据儿童特点，拿出慢慢解决事情的耐心。

面对突如其来的"质问"，我们沟通更应注重细节。首先，我们应真心理解家长的心情。认真倾听家长对于事情原委的细致描述，作为倾听者给家长充分表达的机会，尊重家长。

其次，我们可以用语言安抚家长的情绪。此时家长情绪激动，十分不冷静，我们若一味地和家长解释或者细致地描述事实，在这位急切的家长眼中可能是辩解，更可能让家长误会为我们在推卸责任，加重了家长对于幼儿园的不安和焦虑感受。

那么，请注意以下几点：

1. 态度冷静又温和，带给家长同情和理解的感受。

2. 语言表达中最先流露出教师对孩子身心健康的关心与爱护。

3. 缓兵之计，请家长给我们和孩子或和当班教师的沟通时间，这也是给家长冷静的时间。

4. 教师寻找机会向孩子发问或者鼓励家长用正确的方法向孩子发问。多听听孩子的表达才能更快寻找到突破口。无论是家长还是老师，我们应多向孩子问问"为什么"。比如，孩子回家说自己被小朋友欺负了，我们可以问，他为什么欺负你呢？你们之间发生什么事了呢？尽可能用开放性问题让孩子把故事的前后都讲出来。孩子说得越多我们才越容易寻找幼儿"一面之词"中与事实和逻辑不符合的关键点，用逻辑漏洞作为突破口来解决问题。

当家长听到孩子表达中的漏洞时，也会怀疑孩子之前片面的表达是否有误。甚至在时间的推动下，孩子还有可能会出现完全否定自己之前的描述或者是忘记自己所说事情的情况。

5. 在家长和孩子沟通后，逐步分析出事情的真实情况。这时我们可以抓住机会，向家长普及孩子的年龄特点，显示出我们对孩子表达有误的理解，并向家长传递出自己对家长急切心情的同情。家长会更加信任我们教师的专业水平，为未来的沟通搭建桥梁。

最后，我们可以在离园之前的时机对孩子进行关心和问询。比如，在每天的晚间身体检查环节，餐后的整理环节。我们都可以既观察孩子的身体状况，又询问孩子的心情，爱抚孩子，分享当天的开心事，确保每位孩子在离开幼儿园前都交流过，并了解孩子的状态，为当天的幼儿园生活画上句号。如果此时发现孩子的心情沮丧或者受伤时，需要老师格外关注，了解后及时和家长沟通。这样即使在孩子回家表达的事情与事实不符时，我们也可以从容地按照上面的方式来回应，并做到心中有数。当家长听到我们细致地描述孩子一天的情况，以及离开幼儿园的良好状态时，就会默默将信任的天平偏向我们这些充满细心、爱心、耐心的老师们。同时，家长也会试着用老师的方法和孩子沟通，倾听孩子的心声，了解孩子。相信，家长也会在这样的良性循环中更加懂得家庭教育，成为我们的好伙伴。

幼儿遇到自己未经尝试的活动或老师提出的挑战第一反应就是说"我不会"，如何通过家园共育帮助幼儿解决？

北京市第五幼儿园　张爽

先通过观察幼儿在园的一日表现及对幼儿家庭教养方式，分析导致问题出现的原因，可能分为两种：一种是来源于孩子的不自信，怕自己做不好，当孩子经历多次失败，再加上他人的负面反馈，会让孩子积累挫败情绪。这类孩子在遇到困难和挫折的时候，就会缺乏自信，习惯性说"我不会"。另一种是家长过度包办代替，孩子没有机会尝试探索，孩子会说"我不会"是因为妈妈会帮我做、姥姥会帮我做……大人过度的包办替代会让孩子养成依赖的习惯，造成孩子很多应该会的事情却不会做，或者是能够做的事情却习惯性依赖大人做。

首先要向家长了解家庭中的教养方式及孩子居家生活游戏的情况，共同分析孩子到底为什么总说"我不会"。找到原因后，我们就可以对症下药了。

情况一：孩子因不自信而退缩

其实孩子天生是爱尝试、爱探索的，大多时候通过模仿的方式进行学习，所以家长要起到模范作用，面对挑战时主动表现出不畏惧，可以说："你不用怕，妈妈、爸爸先来试一试吧！"家长还可以与幼儿进行平行游戏，不直接告诉幼儿问题的答案，通过操作演示，让幼儿进行模仿，从而激发孩子的好奇心和求知欲。在孩子经历失败后，家长应给予孩子正向的引导，可以通过提问的方式引发孩子大胆思考，鼓励孩子发现问题并尝试自己解决，让"我不会"变成"我认为"，在不断地思考与尝试的过程中让孩子收获解决问题的方法和成功的自信。

需要注意的是，在孩子取得进步和成功时家长要及时给予鼓励和表扬，如当孩子自己解决问题的时候，不要只夸赞"你真棒、你真聪明"，而是要表扬孩子努力的过程！"你一直在想办法，尝试了这么多次，终于成功了！""你是用了什么办法，可以教教我吗？""你找到这么多好办法，真是个有毅力的小朋友！"等这样具体的称赞。

当然，家长也要允许孩子有反复和暂停的时候，当孩子遇到难题时，即使家长再三鼓励，孩子有时候也不愿尝试。面对这样的状况，家长千万不要心急，因为当孩子面对一个难题时，即使有父母的鼓励，他们也很难一下子克服心底的恐惧，所以父母要允许孩子暂停，蓄积足够多的勇气和力量后继续探索。

情况二：孩子因过度依赖成人而总说"我不会"

在这种情况下，建议家长要与其他家庭成员进行沟通，家庭成员间的做法要一致，让孩子有更多的机会通过实践操作获得答案、解决问题。不要在孩子刚出现一点困难时，家长便去指导，直接告诉孩子游戏的方法或者帮助孩子解决困难，这样就剥夺了孩子自己解决问题和独立思考的机会。家长要相信孩子，不要总认为孩子太小，这个他一定不会做，或是觉得孩子自己做既费事又费时间，还不如自己帮他做而越俎代庖。

建议这样的家长一定要学会放手，让孩子独立去解决一些问题。不能剥夺孩子在体验过程中学习和成长的机会，在保证安全的情况下，给予孩子充分的自主探索的空间。

孩子在幼儿园活动中专注力很弱，很容易被别人影响怎么办？

大方家回民幼儿园　李梦琪

总会有一些活泼的幼儿东张西望，在区域游戏活动时认为别的小朋友的玩具好玩就频繁换玩具、换区域，对于专注力较弱的孩子，要结合具体原因来制定相应的措施，在与家长进行沟通时，我们首先要帮助家长了解幼儿专注力弱的原因。

一、外界吸引孩子的因素过多

孩子专注度不高，比如，孩子在家专注地游戏，但是周围其他幼儿的游戏声音较大，这样会影响孩子做事的情绪。

教育建议：幼儿的专注力取决于幼儿的兴趣，首先在活动中要选择幼儿感兴趣的活动作为主体，但是要知道，即使幼儿非常感兴趣，外界的因素也会直接影响到孩子的专注度。如果不想孩子专注度不高的话，在孩子做某件事情的时候，家长需要尽力去配合，为孩子营造一个安静的环境，从而让孩子能够静下心来去做事情。

二、过度关注幼儿

在活动中，尤其是在自主活动中，教师应适当介入，但如果总是中途打断孩子的思路的话，孩子往往也会出现专注度不高的情况，因此教师要给予幼儿相应的空间，让孩子能够充分去做他自己的事情，不要因为自己过度关心而打乱孩子的思绪。

教育建议：成人要给孩子能够充分地去做他自己事情的时间和空间，不要因为自己过度关心而打乱孩子的思绪。家庭氛围起着十分关键的作用，所以家长也要重视起来，多给孩子专注做事情的时间和环境才能让孩子养成良好的专注力。

另外，也可以多与幼儿进行高专注力的游戏活动，如画画、下棋、一起阅读、拼图等，帮助幼儿提升专注力，但是也要注意不要过度关心孩子，给孩子适当的时间和空间。

三、幼儿自身健康发展问题

不同年龄段的孩子集中注意力的时间也有差别，例如，3—4岁的幼儿专注时间在10—15分钟，但是如果随着年龄的增长，幼儿还是无法专注做事情，那么教师就要提醒家长注意，部分专注力很弱的幼儿也可能伴随多动症和感统失调的问题，需要教师结合经验及时与家长积极沟通幼儿在园的情况，结合幼儿的行为给予幼儿家长专业的教育建议，引导家长正视孩子的问题，及时干预，共同帮助幼儿健康成长。

幼儿在园不愿意表达自己的想法，只愿意回家和家长表达，怎么办？

北京市第二幼儿园　刘燕婷

首先判断幼儿是否处于刚刚入园"分离焦虑"的时段，其次要分析这名幼儿的性格特点（是否内向），又或者存在其他原因。幼儿到了一个新的环境，周围没有他认识的人，心里很紧张，出于自我保护，幼儿不愿意与教师交流、表达自己的想法是正常的。

针对上述这类情况，我认为首先不要给幼儿过多的压力，说一些"怎么别的小朋友就能，你就不行"或者"你说话啊，别不说话！"等造成幼儿心理负担的话语。不要催促幼儿，给幼儿几天时间逐步适应新环境、新朋友，鼓励他说出自己想说的话，给予他积极的反馈，让他知道自己的话大人是在听的。

我们可以在过渡环节留出一些时间，不用很长，5—10分钟即可。可以先让幼儿之间自行交流，帮幼儿快速融入集体生活，等幼儿间渐渐熟悉后，每次请2—3名幼儿说一说最近让他感到高兴的事情（如他最爱吃的东西、最喜欢的东西等），只要幼儿在初期肯表达自己，无论言语的长短，教师都要给予肯定。等幼儿表达能力和语言词汇发展得再好一些，可阶段性地制定每周或者每月谈话主题。

教师还可以找出在班级中与这些不爱交流的幼儿关系较好的幼儿，在座位安排上可以考虑排在一起，起到同伴带动的作用。

与家长交流时教师先多说一些，询问家长幼儿平时的喜好和本领。这样教师就可以找到一个针对点与幼儿交谈。之后和家长交流幼儿当日在园有哪些好的表现，幼儿与教师分享了哪些有意思的事情。请家长鼓励赞扬幼儿与老师主动交往的行为，增强幼儿想继续在幼儿园主动表现的想法。

成年人在换到一个新环境下尚且需要适应几天，更何况是一个没有社会经验的孩子。家长不要过于焦虑和担心，循序渐进地在家中与幼儿多沟通、多交流，引导幼儿回忆当天在幼儿园高兴的事情，例如，"今天在幼儿园发生了什么有意思的事？你新交到的好朋友叫什么名字？明天放学时能给我介绍一下吗？昨天你在家发现的好玩儿的事情讲给老师听了吗？你今天和哪个老师一起做游戏了？"等，尽可能引导幼儿与同伴、老师多交流。

东华门幼儿园　方宇晴

无论是吃头发还是咬手指，都是幼儿因为紧张情绪而导致的无意识行为，我建议分三步解决，具体策略如下：

一、挖掘紧张情绪的原因

1. 关注幼儿口语表达能力。

是否因为自身语言表达方面欠缺而担心自己说不好、说不对，缺乏自信，导致产生紧张情绪。

2. 观察幼儿自身心理素质。

比如，有的家长对幼儿要求高且耐心少，未达到要求的标准就会受到批评、责骂，幼儿渐渐会变得容易遇事紧张。

3. 幼儿是否经历过失败挫折产生的后遗症？

曾经的经历也会导致幼儿对特定的情景产生紧张焦虑情绪。

教师知道幼儿紧张情绪背后的根本原因，才能帮助幼儿缓解焦虑、紧张。适当给予幼儿空间让其倾诉内心苦闷，开导他们，适当给予鼓励和肯定。

二、缓解幼儿的紧张情绪

1.认真倾听幼儿心声，鼓励其大胆把压力说出来。

要抚平幼儿内心的焦虑和紧张，很重要的一点就是我们要先学会倾听，而不是想当然地按照我们自己的意愿和想法去揣摩和猜测幼儿的小心思。所谓倾听，是我们要拿出充分理解、尊重孩子的心态去倾听幼儿的心声，这样能够大大减轻幼儿本来不堪重负的心理压力，也有利于幼儿大胆把自己的心理压力说出来。

2.开展多领域整合活动。

根据幼儿情况开展相应的关于健康、社会、语言等方面活动。通过活动让幼儿知道吃头发、咬手指都是不良习惯，会引发身体疾病；鼓励幼儿多交朋友，当遇到不开心的事情时，可以和朋友倾诉；培养幼儿大胆表达表现，让幼儿知道在大家面前讲话并不可怕。

3.建立良好的师幼关系。

在日常活动中教师也可以与幼儿进行互动，教师通过与幼儿一对一沟通可以促进幼儿语言表达，告诉幼儿不要担心说错，表达想法时没有对错，鼓励幼儿敢于表达自己的想法。幼儿表达后，教师要及时给予正面反馈，简单的几句"你的声音真好听呀！""你的想法真不错！""你说得太好了！"等，都会增强幼儿的自信心，缓解紧张情绪。

4. 循序渐进，给予幼儿展示的平台。

如果幼儿不敢当众讲话，可以从同伴交流开始，然后从敢于与同伴分享变成把这个好想法与同桌分享。根据幼儿表达情况，将倾听对象由个体过渡到小组再到集体面前，层层递进。

5. 适当进行体育运动。

比如，分组游戏或是集体游戏，与朋友们一起进行体育游戏运动，可以分散注意力，缓解紧张、焦虑情绪，同时也能起到一定减压作用。

三、家园携手，共促幼儿成长

1. 营造轻松、温馨、宽松的家庭环境。

父母要放平心态，不要在幼儿面前表现得紧张、焦虑，同时不要让幼儿心理压力过大，不要过分要求，否则会造成幼儿紧张、焦虑，要让幼儿得到心理安慰。家庭关系紧张容易导致孩子对周围环境过于敏感，遇到一点事情就手足无措觉得害怕紧张。营造良好的家庭氛围对孩子的成长至关重要，只有家庭关系轻松和谐，孩子的身心才会健康发展，适应环境的能力才会提高。

2.家长对幼儿要求过高。

当目标太高时，幼儿做不到就会没有信心，容易产生紧张心理。家长要根据幼儿的实际情况制定目标，量力而行即可，让幼儿认可及肯定自己，可以适当增强幼儿自信心，增加其面对困难时的耐受力，提高抗击挫折的能力。另外，家长也应稳定情绪，避免给幼儿造成过大的压力，还可以帮助幼儿学会暗示的方法，比如，对自己说"我有这个能力""我能做好"等，增强幼儿的信心，遇到事情才能不紧张。

我们不可能生活在一个毫无压力的真空世界里，在幼儿面临压力、紧张焦虑时，我们不妨按照以上几种方法来引导和帮助他们缓解紧张焦虑。在此需要强调的是，让幼儿学会快速调整好自己异常的身心状态，这也是我们要教给幼儿的一个不可或缺的生存能力。

小 学 组

孩子总是回避问题和困难怎么办?

第一七一中学附属青年湖小学　苗路霞

一、基本情况

　　该学生目前上二年级,老师发现其在近期的学习中有较强烈的畏难情绪,当遇到一些小困难时,会倾向于选择回避或者忽略的方式,比如,在做数学题时,对于那些难度适中,但需要进一步思考的问题,他会选择放弃,并态度坚决地向老师表示不会做。希望通过与家长的沟通,可以更全面具体了解孩子最近的状态,并与家长探讨可以帮助孩子更好成长的方法。

二、与家长沟通过程

通过开放式提问，向家长了解孩子在家的具体情况，获取孩子关键信息。

具体问题：

（1）孩子在家的状态怎么样？遇到难题他会怎么处理？（了解孩子家庭学习生活状态）

（2）您与孩子的关系怎么样？（了解家长对孩子的教养方式以及亲子关系状态）

（3）当孩子没有做好一件事，或者没有达到您的要求时，您会怎么处理？（提出问题，一起探讨，引发家长对自己与孩子关系的思考）

家长反馈信息：孩子比较喜欢被外界肯定和认可。对于他自己有把握的，能得到大家夸奖的事情，他就有动力去做。对于没有把握做好的事情，因为害怕自己做得不够好，就会刻意回避问题，认为只要我不做，就不会出错。

对孩子的教养方式也是较宽松的，家长之前给孩子做过相关测试，发现孩子在某些方面指标不高，因此对孩子没有过高的要求，只要在平均线就很满意。大多时候都是以鼓励为主，从小到大夸奖比较多，家长反思是不是夸奖太多了，导致孩子只想听到表扬和肯定，觉得应该给他一点打击，让他经历一些挫折。家长认为没有给孩子压力，但是孩子自己对自己要求较高。

三、教师提供的建议和反馈

（1）表扬具体化。对孩子进行鼓励赞扬是没问题的，特别是对孩子做得好的方面，这样可以让孩子通过外界的反馈来对自己更有确定感。但是另一个方面，进行鼓励和赞扬有的时候也需要方法，我们也经常听到一些家长对孩子说"你太棒了！""你真行！""你太聪明了"这样的话，其实孩子并不能清晰地从父母的反馈中知道自己具体做了什么事"很棒""很行""很聪明"，最终只会给孩子留下一个觉得自己是一个很棒的人的笼统的意识和自我形象。因此，夸奖和赞扬需要落实在具体的点上，比如，我们可以说"你今天早上提前出门了5分钟，做得太棒了"或者"你通过自己思考想出了解决方法，真是个聪明的孩子"等。这样就会把人和事区别开来，避免产生因为事情做得不够好，就觉得自己是个不好的人，同时也能帮助孩子意识到可以通过学习和努力，把事情做得更好，增加孩子的自我效能感。

（2）困难适度化。无须刻意给孩子制造一些困难，让他们去经历，生活中必定会有一些他们需要经历的"跳一跳才能够得到"的事情，在这个过程中我们只需要给予他们最真实的、让他们感受到被理解的回应就可以。首先作为家长和老师，可以把标准降低，来帮助孩子减少一些担心和焦虑（比如，对于当场完成不了的事情，可以放慢速度或者带回家完成），逐步过渡到可以完成原本完成不了的活动。在遇到困难的当下，我们可以帮助孩子减少一些情绪干扰，从调整孩子情绪或者认知的角度，让孩子对环境有一些适应，提高孩子主动克服困难的动力。比如，我们首先可以去安抚一下孩子的担心和焦虑情绪，告诉孩子，其实不想去做一件事情是很正常的；因为完成不了任务，心里产生自责、不太舒服这样的情绪也是很正常的，但并不代表我们不够好，只是说我们还没有准备好，或者没有找到更好的方法，让他感受到我们是无条件地包容和支持他的，家长和老师不会因为他没有做好，而去苛责、批评他，进而接受自己在很多方面的不是，增加孩子的自我接纳度。

（3）成就感体验化。我们也可以在家里多让孩子体验一些稍微具有挑战性的活动，让他去体会通过自己的努力或者尝试是可以渡过难关、可以成功的。比如，我们可以让孩子做以前不太做的家务，拖地、做饭一类的活动。无论他最后做得好不好，我们要有一个心态：完成要比完美更重要。要多在孩子有具体突破的点上去肯定孩子，让孩子有成功的体验。这样的次数多了，孩子会越来越敢于尝试一些有难度的事情，对自己的内在标准也不会太僵化，要求自己不能出一点错。对外界选择就会更灵活。

（4）困难认识形象化。对于年龄还小的孩子，通过讲道理的方式让孩子认识到困难是每个人都会遇到的，也是可以努力去克服的，有时效果不会太好。我们也可以帮孩子把想象中的那些困难具象化，比如，把自己看成一个奥特曼，看看怎样想办法去面对小怪兽，去打败小怪兽。或者他们自己解决不了的小怪兽，也可以寻求爸爸、妈妈、老师的帮助，一起去面对它，而不是直接躲起来。在孩子年龄大一点的时候，就可以引导孩子去看一些名人传记的书籍，引导他认识到每个人都会遇到困难，只有去面对困难，自己才能不断成长，变得更强大。

最后与家长达成共识，常沟通多交流。家校协同合作促进孩子健康成长。

> 孩子在校总想让老师和同学认可自己的想法和行为，否则就会闷闷不乐，或者故意扰乱课堂秩序怎么办？

崇文小学　周霖

首先，我们来分析产生问题的原因。孩子在课堂上闷闷不乐，或者故意扰乱秩序，很可能是出于想要引起老师和同学的注意。

针对上面的问题，我们不能一味地否定孩子。根据对以往一些案例的研究和判定，有想法的孩子大多聪明好动，其实他们在课堂上的表现就是想引起老师和同学的注意。而对于这种孩子，应该对他们进行软处理，不要和这样的孩子"硬碰硬"。

其次，我们要家校携手，共同帮助孩子解决问题。

1. 与家长沟通时，首先从积极的角度看待孩子目前的状态，即孩子能够有自己的想法，还敢于表达。这一点值得认可和鼓励，通过初步沟通，拉近教师与家长的距离。

2. 从问题解决的一面分析，争取家长的配合，共同帮助孩子成长。当孩子稍有不顺心，就闷闷不乐，甚至扰乱课堂秩序，不仅会影响孩子自身的学习质量，还会对班级中其他孩子造成不良的影响。家校携手，对孩子提出相应的纪律要求，培养孩子的自律精神，帮助孩子一步步地纠正自身行为。

3.家校协同，做好心理疏导。作为老师，下课后，我们会更加深入地了解孩子的心理，友善谈话，让他们倾诉苦恼情绪，帮助他们疏导不良情绪，并教会孩子自我克制不良情绪的产生。此外，对孩子提出规则的要求，告诉孩子换一种场合，如下课后，表达自己的心声将会更好。

我们要鼓励家长，积极地配合学校，增进与孩子的交流和沟通，多关心、鼓励孩子，帮助孩子养成良好的生活与学习习惯，建立规则意识，摆脱"以自我为中心"，让孩子在爱的环境中不断汲取正能量。

总之，通过家校携手，帮助孩子建立规则意识，学会疏导不良情绪，逐步养成良好的行为习惯。

新鲜胡同小学　宫蕾

当遇到孩子推搡同学，或者有其他同学这样对我们的孩子时，我们是不是经常能听到这样的声音："孩子们就是闹着玩。""孩子还小，他不懂。""赶紧给同学道个歉，下次别这么干了。"真是这样就可以了吗？

如果您孩子的班主任老师主动联系您，与您沟通孩子欺负同学的问题，或者您在日常生活中发现孩子有欺负同伴的情况，可千万别小看这个问题的严重性。这次没出大事，不代表下次也不出大事。同学这次没有还击，不代表下次也不会还击。如果真出现意外，那后果可是难以预料，更是难以挽回的。我们和文中的家长一起来分析一下孩子总欺负同学的原因，再和家长一起来帮助孩子解决欺负同学的问题。

与家长沟通：

家长您好！今天，主要是想跟您沟通一下孩子在学校总是爱欺负女生，或者文弱的男生的问题。

1. 了解孩子在家有没有出现类似的情况。

家长：在家里倒是没有。就是偶尔发现他容易起急，跺跺脚，拍拍书什么的。

老师：您看，面对家人、成人时，孩子起急的方式是跺脚、拍书。其实，这些都是孩子在表达自己的不满情绪。不跟家长"动手"，我想既是因为孩子知道家里都是自己的亲人，又有可能是因为孩子知道自己没有还手之力。

我们再来看一下孩子在学校欺负的对象，都是让孩子能有绝对胜算的人。我这么一说，相信您就大概清楚孩子在学校出现爱欺负同学的情况是怎么回事了。

孩子是个小男子汉，又长得高高壮壮的，肯定是要保护同学的。但是现在，反而出现了欺负同学的情况。随着孩子一天天长大，遇到矛盾要是都依靠武力解决的话，这个后果可真是不堪设想。

2. 结合老师们在学校的观察，孩子去欺负同学，一般都是因为其他同学不听孩子的，或者不认可孩子的情况。了解孩子在家时，家长是否会出现都围着孩子转的情况？

家长：确实是这样，我们是和老人住在一起的。

我们几个大人都会围着孩子转。基本上孩子有什么事，都会第一时间解决。

老师：听您这么一说，我就大概知道孩子爱欺负同学的原因了。孩子在家习惯了被家长围着，每次提出要求都会得到充分的回应和认可。但是，在学校和同学相处时，同学不可能像家长一样对孩子。孩子希望得到同学的回应和认可，但同学们没有这么做，所以孩子就想出了欺负同学这个解决办法。但是，正是他的欺负，让同学们更不认可孩子，还有可能远离孩子。恶性循环，就导致了现在的情况。

3. 可以这样来帮助孩子。

首先，帮孩子转变观念。既然孩子欺负同学是为了得到同学的认可，或者在家发脾气是为了得到家人的赞同，我们就要一起明确地告诉孩子：欺负同学或者发脾气是得不到你需要的认可的。同时，您和家人可以带着孩子观察其他人，特别是同龄人如何得到他人的认可，让孩子明白得到同学、家长认可的方法是心平气和，是商量，而不是欺负或者发脾气；鼓励孩子进行模仿、实践，并在模仿、实践后及时肯定，强化这样的积极行为。

其次，教会孩子理解他人的观点，帮助孩子减少对他人的敌意，从而减少欺负同学的行为。

当孩子在家需要得到家长的回应或认可时，家长可以多问几个"为什么"，鼓励孩子把自己的理由说充分。同时，根据实际情况，适当、适度地让孩子等一等。比如，家长在处理急需完成的工作时，或者是在做饭时，孩子如果需要得到家长的回应，家长可以先心平气和地简要说明一下自己目前的情况，然后让孩子稍等一会儿，培养孩子的耐心。同时，也教给孩子学会等待，认识到大家不可能时时刻刻都围着自己转。

另外，当家庭成员发生矛盾时，通过沟通、协商处理矛盾，让孩子也能参考学习。利用图书、动画片、游戏等情境，让孩子模拟用非暴力的方式处理冲突，学习社交技能。

最后，营造不带有攻击性的生活环境。比如，减少孩子过多参与带有攻击性的活动、游戏，包括电子游戏。在这一阶段，尽量避免让孩子进入可能发生冲突的活动、游戏场所。此外，帮助孩子认识到图书、影视作品、游戏中出现攻击行为的原因是多种多样的，可以带着孩子具体问题具体分析。在家中，当孩子犯错时，尽量不要以简单、粗暴的方式对待孩子。家庭成员给予孩子更多正向关注，鼓励孩子的亲社会行为。

在学校内，我和老师们也会一起帮助孩子。就像我经常说的，家校共育，齐心协力，共同助力孩子的成长。我相信：咱们一起配合，一定可以很好地帮助孩子解决成长中的烦恼。

孩子对很多事情都提不起精神，如：不愿意参加班级活动；下课就精神，上课就昏昏欲睡怎么办？

前门小学　杨爱静

基本情况梳理

这是一位五年级的男孩，不是班干部，平时兴趣爱好广泛。线上学习时对知识充满渴望，学习劲头很足，发言精彩有创意。恢复线下课后，课间和同学们玩得挺好，一上课就无精打采，状态直线下降。平时生活中，有很多想法能吸引同学跟他一起聊、一起玩儿，属于伙伴中的"领头羊"。孩子回家后有时候做事拖沓、写作业磨蹭。可以从以下几点出发与家长沟通。

第一步：说明孩子在校表现，向家长了解原因

孩子回到学校学习后，上课没精神，不太愿意参加班级活动，与居家学习相比，状态直线下降。但是据平时观察，下课他和同学交流或玩儿的状态都挺好。询问孩子为什么现在是这种状态，孩子说没事儿。询问家长是否了解原因。妈妈回应父母平时工作也都挺忙的，与孩子沟通少，不了解原因。

第二步：与家长共同分析原因，达成共识

五年级的孩子到了青春期，有了独立的意识，觉得有能力去处理自己的事了。而且多数孩子有自己的小脾气和小情绪，不太愿意和家长交流。孩子上课无精打采，下课劲头十足，不愿意参加集体活动，通常跟同学关系有关。可能某些同学对他影响比较大，或者是某些同学说了什么；再或者参加某一项班级集体活动时，他遇到了挫折，受同学排挤；也可能是他在参加集体活动时，感觉不太好，之后就不愿意参加了。

总之，五年级是打好小学基础的关键期。如果他一直上课提不起精神、昏昏欲睡的话，可能会落下知识，最终影响孩子整体状态。希望家校携手，找到真正原因，帮他提起学习的动力，积极参与到集体活动中。

第三步：结合孩子现状，给出建议

提高孩子学习动力，需要帮孩子树立理想、确立目标。建议家长试试这些方法。

1. 帮助孩子认识到学习的重要性。

高年级的孩子有理想，但是受读书或者影视作品影响，会经常更换，不太能坚持，这特别正常。孩子是在成长中逐步确定自己人生目标的。作为家长要有意识地去鼓励孩子，无论想实现什么样的理想，努力学习知识、丰盈自己是最主要的。

2. 引导孩子正确看待学习的意义。

希望家长跟孩子交流时能引导孩子正确地看待学习。现在学校里的学习，实际上是在掌握学习的方法，为未来持续学习打下基础。孩子在学校专心听讲，认真学习，要吸收课内知识不断提高自己的认知，更要不断摸索并掌握好的学习方法，锻炼自己处理问题的能力，为将来实现自己的理想打好基础。

3. 树立学习目标，增强学习动力。

树立远大的目标；认识到上课专心听讲、好好学习对自己将来一生会有持续影响，这样会提高孩子学习的动力。一旦孩子有了动力学习，那么现在的小情绪、人际关系等小麻烦就不重要了。

4. 家校携手，帮孩子找到学习方法。

孩子能力非常强，兴趣爱好广泛，为人处世情商很高，和同学关系融洽，所以应该有更好的发展。现在发现这些小问题，希望家长能与老师持续沟通，多多关注，防微杜渐，以便帮孩子寻找好的学习方法，为孩子将来的学习打下基础。

第四步：注意沟通技巧，共促进步

希望家长重视对孩子的教育，能和家里人一起商量，日常创造一些机会影响、教育孩子。

跟孩子沟通时可以找一些机会。比如，当孩子谈到理想的时候，我们帮他想一想。如果孩子想成为航天员，家长可以多追问几个问题：那你知道航天员什么标准吗？怎么才能达到航天员的标准？你怎么才能实现自己成为航天员的梦想呢？其实，每个成功人士，都有自己奋斗的历程，通过别人奋斗的历程帮孩子去想一想怎么实现他的理想。在这个过程中，孩子就会认识到学习和上课听讲的重要性了。注意采取孩子易于接受的方式，引导孩子。

同时家庭成员要达成共识，也可以从不同角度，鼓励或者激励孩子树立正确的学习观。

史家实验学校　谷思艺

有一个一年级的男孩，他是家中二孩儿，姐姐正在上高三，爸爸在孩子一岁时去世，妈妈日常工作较忙对孩子关注不足，日常主要由姥姥带孩子，因此对孩子比较溺爱。入学以来，孩子在校不能遵守纪律，课间围着教室追跑。虽然老师教育时，能明白其中利害，但管不住自己。当和同学发生矛盾时，习惯动手打人。很容易因为一点小事和同学发生矛盾，比如，排队时无意间的碰撞都可能触怒他，引发冲突。

根据孩子的表现，主要有三个方面需要提高：

一、行为规范方面，在校寻找胜任力，自觉遵守纪律

作为老师能感受到，其实每个一年级孩子都想表现好。但有时候缺少胜任力或缺少自我认同感，导致行为出现问题。设身处地站在孩子的角度想一想，孩子本身自控力较弱，日常打打闹闹多了，周围的认同感降低，又因冲突在学校朋友越来越少，找不到归属感。慢慢地，孩子对自己的认同感和胜任力也会越来越低，出现更多行为问题。

如何提高孩子的胜任力和认同感呢？胜任力是做事情之前对自己的信心。那么事前的自信怎么来的？是靠我们以往一系列小小的成就感堆积起来的。

对于低年级学生来说，一方面我们可以从日常基础学习入手。比如，课堂的听写、口算是通过努力很容易可以获得提高和显著进步的项目，一个个对钩就是孩子胜任力的基石。另一方面，班级中都会有班级展示环节，同学们展示自己的特长，对于这样的活动，我们可以积极帮助孩子，提前做好演练和准备，在同伴面前展示自己。展示前和孩子探讨自己喜欢的展示内容，比如，男孩子喜欢拼乐高，可以把他日常拼创的影像记录下来，或者将孩子在拼创中介绍自己的想法和过程记录下来，然后带到班级中，分享给大家，让大家认识不一样的他。一点点用这样积极的方式获得同伴的关注，让孩子获得更积极的心理体验。

这样的展示对孩子来说可能是个挑战，需要家长及时陪伴和指导，同时在学校，老师也会指导孩子、鼓励孩子。自己通过努力，完成挑战，获得认可，从而激发孩子的胜任感和内驱力。

二、同伴交往方面，学习交往方法，获得归属感

在孩子成长过程中，同伴间的冲突是很正常的，但如何面对冲突、处理冲突，是孩子需要学习的。孩子习惯用暴力来解决问题，这是很不可取的。这样的方式不仅解决不了问题，还会让同伴产生畏惧、疏远心理，影响孩子的同伴关系发展。而同伴关系随着年龄增长对孩子愈发重要，所以我们要尽早帮助孩子学习与同伴交往的方法。

在日常生活中，为孩子提供更多的交往机会。比如，在小区里、课外活动中，引导孩子更多地与同伴进行交流。作为家长，我们要在旁边观察孩子的交往方式。活动结束后，在亲子交流中及时与孩子沟通，可以和孩子沟通我们发现他好的一面，比如，我发现你和小朋友们玩的时候很有主见、很有想法；我发现你在游戏中特别遵守规则；等等。也可以和孩子沟通我们的担心，比如，我刚才看到你跟那个小朋友发生冲突，好吓人啊！妈妈有点担心，你能和妈妈说说当时你是怎么想的吗？耐心倾听孩子的想法，只有了解孩子最真实的想法，我们才有可能帮助孩子找到更好的解决方法。

而且，日常在回家的路上或者睡觉之前，我们

也可以和孩子交流，在学校你有哪些好朋友？他们是谁？平常你们玩些什么？在这样沟通的过程中，我们就可以了解孩子的同伴观念，及时给孩子正向的引导。

三、情绪管理方面，学会疏解情绪，积极面对事物

一二年级的小朋友本身就是很情绪化的，他们情绪管理的能力还在发展和成长的过程中。当负面情绪出现时，询问孩子为什么这样生气，为什么要打人。孩子往往说不清楚发生了什么，说不明白自己的感受。有些时候只是感觉别人招惹我了，而具体发生了什么却并不清楚。还有些时候，孩子比较敏感，面对问题不知如何处理，紧张、羞涩也可能转化为愤怒。所以，培养孩子识别情绪尤为重要。认识自己到底为什么生气，尝试了解他人的想法，这是情绪管理的基础。

所以，当孩子与其他伙伴发生冲突后，作为家长我们要先保持冷静，帮助孩子复盘刚刚的冲突，看看事实和孩子内心所想的是否一致，澄清矛盾的核心，帮助孩子平复情绪。在这个过程中，我们要学会积极引导孩子，积极正面地看待同伴的行为，多数时候同伴的行为是希望获得更多互动，而非招惹和激怒。

平日里，家庭晚餐时，我们也可以组织一家人一起分享今天发生的好事，可以是周围的人或事物，也可以是自己的成长，在这样的氛围中让孩子去感受生活的积极阳光，而非剑拔弩张。

　　给予孩子充分表达自己的时间和空间，能够让他们以一种健康向上的生活态度面对发生在自身周围的一切。给予孩子充分的尊重和理解，能够培养孩子良好的性格，在面对问题时不钻牛角尖，以一种平和的心态去面对和解决。

北京第一师范学校附属小学　邓春霞

情景描述

四年级女孩儿小丽文静、温柔，平时在校上课认真听讲，书写工整，但胆子比较小，从不主动跟同学交往，也不主动举手回答问题，思考问题缺乏一定的主动性。希望能够通过家校沟通，形成合力，帮助孩子打开心扉，成为更好的自己。

交流互动

老师：小丽平时和家人在一起生活的时候也是这样吗？

小丽妈妈：在平常生活中，她一直都特别胆小，每次出去玩也是这个样子，不太敢和别人说话。孩子爸爸长期在外地出差，我和姥姥带孩子。我工作很忙，姥姥每次都是接完孩子就直接回家了，她很少有机会跟同伴一起交往玩耍。发现她这个问题后，只要平时有时间，我们就会带她出去玩儿，还经常鼓励她自己去买东西、借东西、取快递。

老师：姥姥平时喜欢热闹吗？家里的整体氛围是怎样的？孩子在家也跟姥姥一样吗？

小丽妈妈：姥姥性格比较内向，不太喜欢热闹，总是闷在家里。家里整体氛围是比较安静的。孩子也总是安安静静自己一个人在家玩。

老师：您平时跟孩子聊天吗？都会聊些什么呢？

小丽妈妈：我只要有空就会主动跟她聊天，问问她学校里发生的事情，但是孩子也只是回答"嗯""还行"，没有具体说什么。当问到班里的同学怎么样，孩子都会夸同学。可每次问到孩子自己表现如何时，孩子就不知道该怎么回答了。所以也很担心孩子性格原因，会不会在学校被欺负，有些焦虑。

措施建议

首先，要多鼓励孩子，帮助她建立信心。当孩子主动跟家长交流时，其实已经在迈开第一步了，她还能主动发现别人的优点，这也是她的闪光之处。这个时候一定要多鼓励孩子，不要一味地夸别人家的孩子，这样可能会让原本内向的她刚刚鼓起的勇气又被浇灭，久而久之就不愿意继续跟父母交流了。要多和孩子表达："我觉得你也很棒啊！能够发现别人身上的闪光点！""宝贝，其实你跟他们一样闪亮，在妈妈心目当中，我觉得你在这些方面可能比他们还好。"……当孩子听到这样的鼓励，眼里一定也会闪烁着自信的光芒。

另外，抓住孩子在生活中的点滴进步，发给爸爸，让爸爸也夸夸孩子；还可以发发朋友圈，当孩子看到那么多亲朋好友在给自己点赞的时候，一定会开心的，信心也会渐渐增强。

可以定期召开"家庭会议"，相互分享、相互建议。一家人可以找一个相对固定的时间定期召开"家庭会议"，大家分别分享自己这段时间最值得骄傲的一件事，用这样的话题引导孩子去看到自己的闪光点。开始的时候孩子可能不敢大胆说，父母可以放下姿态，把她当朋友，一起分享自己的小骄傲，然后用期待的眼神看着孩子，耐心地倾听她的分享。慢慢地，这种家庭互动会把孩子的心门打开，也让她不断看到自己更好的一面和家人的认可、期待。而且，对于胆小的孩子而言，家人间的分享会让她有一种安全感，她可以从这里走向更新的环境。

要多多陪伴孩子，给予她爱的力量。陪伴是最好的礼物。虽然父母平时的工作都很忙碌，但还是要尽可能地多抽时间陪陪孩子，一起聊聊天、做做手工、做做运动，还可一起合作完成一件作品……遇到困难和问题的时候，少一些指责，多一些包容和鼓励："没关系的，我们还可以重新来试试。""你这一次比上次好多了，马上就要成功了！""来，我会一直陪着你的。"

多参加社会活动，尝试新的环境。在条件允许的情况下，不妨让孩子多参加一些社会活动。例如，短期的夏令营、"一日生存体验"、博物馆活动等，在实践中尝试新的环境、接触新的小伙伴，在这种体验中，孩子对环境的适应能力以及交往能力也会慢慢提高。

西中街小学　李云飞

该学生上二年级，一直和父母生活。在学校经常打人，集中发生于一年级上学期，最近再次发现孩子出手打人。家长看到班级群里很多家长在声讨打人孩子后，表示忐忑不安。但父母在家对孩子比较容忍，认为孩子年龄小，不爱说话，表达不清。经再三沟通才得知孩子从幼儿园就被诊断为自闭症。

步骤一：走进家长内心，拉近家校关系

老师：简单说一下孩子近期在学校的表现。

家长：他总是因为很小一件事就跟同学产生摩擦。昨天就因为一块橡皮，把同学鼻子打流血了。我赶紧和对方家长沟通道歉，对方家长表示孩子小可以原谅。但是对于孩子，坏习惯一旦养成随着年龄增长就更难改正，不能让问题滞留，要帮助孩子。

老师：您回忆一下孩子之前是这样吗？或家中谁有打人行为？看看是因为缺少与同学交往的方法，

还是情绪上或者家中出现了什么问题，我们好及时了解孩子内心动向，进行针对性指导。我们共同想办法改善现状，帮他找到问题根源。

家长：孩子在幼儿园就总爱打人，幼儿园时老师就经常找我。我认为孩子就是有时候情绪不太受控。那时每天中午把他接回来，只上半天学。下半学期为了让孩子适应环境，我申请在园里陪读。有几次发现他是因为喜欢同学才会去碰人家，结果小朋友觉得他是在打人，造成了后面的矛盾。孩子间出现小摩擦后，我回家询问孩子，为什么要这样做，告诉他小朋友都不喜欢爱打人的伙伴。孩子说他们是好朋友，他还送礼物给她呢。这次橡皮事件也是，孩子觉得她是他最喜欢的同学，怎么就不能借用橡皮呢？可女孩就说不行。两人发生了争执，情绪有点失控，打了女孩。

步骤二：好做法要肯定，指导建议有信任，降低焦虑达目的

老师：首先感觉您比较冷静理智，回去复原白天发生的事情，采用问询法了解事情缘由，并熟练地掌握了停六秒原则，这样能让自己平静下来，比较理智地处理孩子间发生的矛盾。我特别理解您焦虑的心情。我尝试和孩子聊，但孩子比较内向不爱说话，我想快速走进他的内心，希望得到您的帮助，

您可以再介绍一下在幼儿园陪读的情况吗？

家长：家里不希望把这个事告诉您。孩子上幼儿园发现这个现象之后，我们带孩子去北医三院看过，被诊断为自闭症。孩子一直吃药治疗，还去机构做过训练，但没想到上学后仍没有好转。今天您一打电话，我就感觉孩子又出事了。每次犯错回来就打一顿，但就是不管用，真不知道该怎么办才好。

老师：您别太着急，我能感受到您的无助。教育孩子不能总用打来解决，这样不但不能解决问题，反而还让孩子学会了打人，我们发现问题及时干预是非常有必要的。但我能感觉到，您和爸爸都意识到孩子的问题，但就是束手无策，特别需要得到外界的支持。

用药有利有弊。孩子吃药看起来乖，但嗜睡，不吃药又愈演愈烈，我建议您要定期带孩子复查，确定病情进展。此外，行为干预治疗也越早越好，据我了解现在一些自闭症患儿，大多智力并没有问题，所以我们家长首先要认可孩子。不理解、不会正确表达情绪，出现反复刻板动作，都是自闭症儿童的特点，课上老师会经常提醒，在家里您也要配合及时控制。

家长：我们全力配合。为了能正常在校上课，暑假里班都不上了，每天陪着他提前学习知识点，练习集中注意力。

步骤三：专业引导，做好家校共育

老师：一年级孩子刚上学不适应，会有些紧张，还会有分离焦虑。身处陌生的环境，再加上每天满满的课程，这些来自外界的焦虑引发不稳定的情绪，让孩子情绪更加不受控。家长一定要跟上老师的教育节奏。

首先，肯定您不是溺爱型家长，但是也要控制情绪，不能老师一打电话，就用拳头来解决问题，我们要给孩子安全感，让他感觉家里有妈妈的温暖、爸爸的关爱。

其次，要营造良好的家庭氛围。夫妻关系紧张，就会给孩子造成认知障碍，孩子会产生迷茫。所以，您夫妻二人一定要齐心协力，在榜样的作用下，孩子耳濡目染形成习惯，也会改善与小朋友的交往方式。

再次，家长要学习正确的教育方法，指导孩子正确宣泄情绪，例如，孩子小时候哭时，我们常说你不许哭。其实孩子需要宣泄，当情绪来时，我们应该告诉他可以哭，但是哭后要梳理自己的情绪。教会孩子正确宣泄情绪的方法，例如，听音乐、读课外书、跑步锻炼等，或用感兴趣的事情来分散转移孩子的注意力，也可做家务、参与家庭小活动等。

家长有效的陪伴至关重要，当孩子大发脾气时，可以带他远离引发坏情绪的环境，引导他做深呼吸，教他一些正确的调节方法。这时家长要有足够的耐心，有打持久战的决心。老师特别理解您的不易，我们一起帮助孩子。

当孩子犯错时，先保持冷静，情绪调整好后，再跟孩子对话。这同时也创设一个思考空间，让他知道打人是错的，要对错误行为负责。家长也要及时正确示范，带孩子去给对方赔礼道歉，让他感受到对方的伤心，是他的错误行为伤害到他人身体。慢慢地，孩子将学会控制情绪，不再打人。

教孩子有几个原则：一是不伤害自己，二是不伤害他人，三是不伤害环境。对于一年级的孩子来说，特别是在孩子有疾病的情况下，我们要正确地指导，并且把标准适当降低，孩子是可以完成的。另外，善于抓住孩子的闪光点及时跟进鼓励表扬，放大优点用真诚的话语夸孩子，帮孩子树立自信心、价值感、归属感，充分让孩子感受到家庭的温暖。

最后，建议尝试权威咨询机构，体验家庭治疗。希望我们能共同陪伴孩子一起成长，慢慢改变。

孩子在学校总拿同学东西怎么办？

板厂小学　刘璐

一、基本情况梳理

二年级女生小 A，家庭关系良好，家里有一个弟弟，偷拿同学的小贴画、铅笔，在老师和家长询问下，不会直接承认自己拿了别人东西，需要反复询问才会承认。妈妈为人很正直，对孩子管教严格，曾因孩子拿同学东西打过孩子，但过一段时间孩子还会犯同样的错误。

二、肯定孩子，拉近关系，深入了解

交流初始，肯定孩子的善良、热心助人、阳光向上，课上积极回答问题、善于思考，举出具体的事例表示老师对孩子的喜欢。

老师：想跟您了解之前孩子有没有这样的情况？

家长：之前有过几次这样的事件，孩子开始不承认，我为此打过孩子，冷静下来后与孩子再次沟通，孩子承认确实未经允许拿了同学东西，叮嘱孩

子第二天将东西还给同学，并给孩子讲清道理，喜欢的东西可以跟爸爸妈妈说，不能拿别人的。

老师：您先不要太生气，也不要打孩子，我们沟通的目的不是去打孩子，而是要一起分析原因，帮孩子找到改正的方法，让孩子更好地成长。我觉得您是一个很有智慧的家长，虽然生气，但能很快冷静下来引导孩子说出实情，跟孩子讲清道理。

三、探寻问题的根源，帮助孩子找到改正的方法

（一）不以罚代管，让孩子了解物品所有权

走进孩子的内心世界，了解孩子真实想法。孩子才上二年级，心思单纯，可能只是觉得这个东西漂亮，想要拿来玩一会儿。曾经有学生也有类似的行为，孩子爸爸特别生气动手打了孩子，打过之后，妈妈跟孩子谈心，问及知不知道挨打的原因。孩子一脸迷茫地说："因为我拿了别人的东西，但我不就是拿来玩两天吗？不行就还呗。"通过这个事例，可以看出这个孩子根本不明白拿了别人的东西有什么严重后果，不太明白哪些东西是自己的，哪些是别人的，不经过别人同意去拿别人的东西是不对的。反映出孩子对于物品所有权的认知不全面或不正确，不知道哪些东西是自己的，可以去自由支配，哪些东西必须征得别人的同意才能够使用。

我们要注意培养孩子的物品所有权，比如，在家里就可以让他在日常生活中建立物品所有权的意识，明确家中哪些东西是属于自己的，哪些东西是属于爸爸妈妈或者弟弟的，属于他人的东西，在拿之前就要征得这个物品主人的同意，在家庭生活中，逐渐培养孩子关于物品所有权的意识。

（二）适度满足孩子的需求

对孩子的要求，不能不满足。在平时的生活中是否关注弟弟会更多一些，对于内向的姐姐来说，对于想要的东西可能不愿意表达出来，就用自己的方式去得到。建议每天抽出 20 分钟与孩子谈心，走进孩子的内心，及时发现孩子思想上的变化以及情绪上的波动，让孩子感受到父母对自己的关注，拉近亲子关系。

不能过度满足。当孩子跟您表达需求的时候其实是一个特别好的教育契机。您可以教会孩子怎样通过正确的途径，通过自己的努力得到想要的东西，比如，让孩子用自己的零花钱去买，或者给孩子设定一个目标，这个目标一定是孩子"蹦一蹦"能够得到的目标，让他通过自己的努力去换取。

教育是一门艺术，贵在有"度"。只有凡事适度，才能让孩子更好地成长。

（三）肯定孩子，让孩子乐于与家长交流

在与孩子谈心过程中，当孩子表达出特别喜欢同学的某个东西时，不妨问孩子有没有想拿的想法，孩子可能说没有，也可能说有。不管孩子的回答是什么，都要肯定孩子，如果没有，说明孩子知道了面对自己喜欢的东西应该如何去获取，如果说有但忍住了，说明孩子克制住了自己的欲望，可以问问孩子是怎样想的。在这一问一答中，可以与孩子的心贴得更近一些，也能让孩子觉得家长在理解他，是想帮助他的，在这个过程中感受到父母对他的爱。

（四）让孩子体验一次丢东西的感受

孩子有过几次拿别人东西的经历，因为特别喜欢所以有时不觉得拿别人的东西是不对的，拿别人的东西的感觉体验过了，我们也可以让孩子体验一下丢东西的感受。可以给孩子创设一个情境，把孩子放在丢了某个东西的气氛中。比如说，在家里跟孩子说，家里的什么东西现在急着用，却找不到了，然后发动孩子一起去找，他就可能会去翻抽屉、开柜子、查找沙发的角落、翻犄角旮旯……还可以问问孩子，是不是你不小心带出家或者是不认识的人不打招呼就拿走了。在这个过程中，让他也感受一下自己丢东西产生的焦躁、着急的情绪，当他感受到全家都因为丢了一个东西而筋疲力尽的时候，孩子在受触动的同时，会更切实地认识到在没经过别人同意的情况下，不能拿别人的东西，这会使别的小朋友很着急。

（五）鼓励孩子承担责任

出现这种情况后，家长不能训斥或打骂孩子，但要重视这种现象，并要让孩子充分认识到拿别人东西是不对的，与其让孩子自己把东西还回去，不如您陪孩子一起把拿了的东西归还并向别人道歉，做孩子的榜样，让孩子看到爸爸妈妈是怎样做的，以身作则地让孩子明白自己要为自己的行为负责。

北京市第五中学分校附属方家胡同小学
李瑾琳

基本情况梳理

孩子是一名三年级的女生，心思敏感、脆弱，抗挫折能力比较弱。在学校老师一表扬，她就表现得特别好，但凡没表扬到她，就会哭很久。经受不了一点挫折，特别脆弱。其实这也属于心理健康的教育问题。

与家长沟通

孩子为什么会如此脆弱呢？归根结底是孩子的心理层面出现了问题，孩子缺失了抗挫折的能力。在面对困难、失败的时候，她的心理承受能力和意志力都比较弱，不能去乐观地看待挫折，我们分析其原因，是她不愿意去面对失败或困难，只顾着自己的情绪，自暴自弃或者意志消沉。家长一定要重视孩子的这种抗挫折能力的培养。让孩子能够正确乐观地看待在人生的各个阶段中所遇到的困难。

孩子的抗挫折能力弱，家长要先从自身找原因，如果父母自身抗挫折能力弱，遇到问题，比如，工作压力大，可能就会跟家人抱怨、发牢骚，其实大人是在宣泄自己的压力，但是，如果这些情况频繁出现，孩子可能就会把这种情绪当成一种习惯，常常在这样的环境当中耳濡目染，她可能就不会用乐观的心态去看待挫折和失败。因此，家长要重视言传身教的力量，不要把自己的坏情绪随意地带给自己的孩子。

孩子抗挫折能力较弱的真正根源还在于缺少父母的关爱，如果一个孩子没有得到足够的爱护，一味地去经受苦难和挫折，会让孩子的精神更加脆弱。这时，父母的关爱和鼓励是她能够抗衡挫折的铠甲。当孩子出现脆弱情绪的时候要多鼓励她、关心她，让孩子觉得父母是她坚强的后盾，是她的依靠。

老师的建议

首先，我们要有意识地去锻炼孩子抗挫折的能力。当孩子遇到一些小问题、小困难时，不要第一时间就去帮助孩子解决，而是要让她先去面对问题，可以引导帮助她从自身找原因，如果孩子可以自己找到失败的原因，哪怕仅找到一个很浅显的原因，都要鼓励孩子，因为她愿意去思考问题。这是在培养孩子遇到困难之后能够冷静分析、处理事情的能力，这是很重要的。

其次，不要过多地保护孩子。我们可以允许一些坏的事情发生，但是这个"坏"在程度上是家长可控的。家长总觉得孩子小，什么事情都想替孩子打算好，甚至去包办代替，就是把孩子禁锢在保护圈当中。当孩子遇到问题之后她就会无所适从，有挫败感，慢慢就形成了脆弱的心理，让她没有办法去面对。其实让孩子适当经历一些磨难反而是好事，当孩子明白不是所有事情都是一帆风顺的，在失败当中，我们要善于总结经验教训，要找到解决问题的方法，这样她将来遇到更大的困难或者挫折时，才不会恐惧。

在这个过程中，家长要鼓励孩子，给孩子更多的关心，让孩子觉得遇到困难时，她不是一个人，有父母在支持她，并告诉她困难其实并不是难以打败的，只要我们积极地面对，寻找失败的原因，对症下药，就一定能解决问题。然后跟孩子一起找原因，给建议，引导方法。当孩子解决了第一个问题，体验到了解决困难的成功感，慢慢地，她的内心就会明白这些困难并不是无法逾越的，而是可以解决、战胜它的。

还有，我们也可以在跟孩子交流的过程中引用一些名人的事迹去激励孩子不怕困难，勇敢面对。如古代的苏轼，一生虽然命运多舛，多次被贬，但却创作出许多脍炙人口、千古流传的佳作，再比如张海迪，从小患病，高位截瘫，无法上学，但是却自修了多门课程，自学针灸和多门外语。还有国外的如居里夫人、贝多芬……名人的故事能更好地让孩子们去接受，去领会，去理解和学习。这些人虽经历苦难，但他们的意志力坚强、内心强大，所以他们才能如此成功。她会明白认同事情原来不像自己想象的那样困难，名人故事可以激励孩子勇敢面对困难。

归根结底，要让孩子知道生活中的挫折和失败是少不了的，当我们遇到挫折时，用积极乐观的心态去面对，用正确的方法去解决，增强自身的抗挫折能力，是每个孩子成长必须经历的一个课题，只有完成这一课，才能以强大的意志力面对未来生活中可能出现的种种困难和挫折，成为更优秀的自己。

高年级，老师发现班里有孩子出现青春期的萌动（向喜欢的同学表白）该不该和家长沟通？如何沟通？

黑芝麻胡同小学　李谷壹

小学五、六年级的孩子，特别是女孩子们，往往会有一些自己的小秘密，她们喜欢看一些言情类的小说，也开始观察身边异性的身影，尝试让自己更美丽，更引人瞩目。其实，这在十几岁的孩子身上是特别正常的现象。

青春期的孩子开始对异性关注是正常的。喜欢、仰慕优秀的异性，这完全是没有问题的。淡化处理是解决孩子早恋的艺术。

要明白，交男女朋友，是孩子性心理发展的正常体现。早恋的危害不在于交异性朋友，而在于交坏朋友。现在孩子们接触的网络、社交媒体很多，他们了解的相关知识就更多了，但该怎样去了解这方面的东西呢？从哪了解才合适呢？这才是我们成年人需要去关注的点。处于青春期的少男少女，对异性向往与爱慕，属于生理与心理发育过程中的正常现象。当老师、家长发现孩子早恋时一定要保持绝对的理性。正确地处理，不仅会为他树立起一个好的榜样，也会激励他向着美好的目标努力。

一、老师要指导家长提前入手，及时沟通

其实在孩子没有早恋之前，家长们就应该从小培养与孩子沟通的好习惯，和孩子建立一种朋友的关系，让孩子什么事情都愿意与你分享。一旦家长们得知孩子早恋，千万不要发脾气，这样只会适得其反。作为成年人，用坦诚的态度及时与孩子沟通，了解孩子对待异性的态度、感受，引导他们发现崇拜、喜欢与爱慕之间的区别，利用孩子对优秀异性的赞赏，树立榜样，将爱慕之心转变为追求上进、努力追赶的动力并施之于学业。

二、老师要协助家长建立关系，相互信任

家长要以理解的态度，与孩子建立相互信任，让孩子愿意把青春期的小秘密与家长分享。如果孩子在家里得不到家长的理解，不能从与家长的交往中得到成长的帮助与支持，孩子是不会向家长说心里话的，即使家长询问，孩子也往往会故意回避一些重要问题。同样，家长也要相信孩子，不要总是质疑他，让孩子觉得孤立无援。家长如果能与孩子建立起相互信任的亲子关系，那么对孩子的教育引

导效果将会事半功倍。

三、老师要帮助家长讲究方法，正确引导

第一，家长要努力营造温馨的家庭氛围，给孩子提供一个民主的家庭环境。不要轻易给孩子的行为定性，不要一味阻止，否则有可能激起他们的逆反心理。积极与孩子进行情感交流，孩子跟您倾诉一件事，可以先共情，让孩子觉得您能体会他的感受，理解他的感情，在此基础上进一步探讨事情的本质，进而客观地分析处理办法，协商订立一些规则和界限，使爱慕成为孩子进步的动力。同时暗示孩子更好的未来在于今天的理性。在同学交往中，要有清醒的头脑，认清是非，做事也要有原则，什么事该做，什么事不该做，全面稳定地把握自己，不贪图一时的感情宣泄，着眼于光辉灿烂的未来。

第二，老师要告诉孩子，对待感情上的纠葛要坚决果断。当有人提出交往的要求时，应该把自己的意思向对方说清楚，崇拜、羡慕与感情是不可混淆的。如果不想和对方发展友谊，应该果断地告诉他，让孩子知道怎么保护自己。

第三，教师与学生家长的沟通一定不要越过孩子本人，要尊重学生的隐私，取得学生的同意。告知家长事情的同时，也要提供你的意见，争取得到家长的支持与帮助。共同引导孩子把对异性的好奇

转化为互相尊重、互相鼓励、互相学习的动力。避免同学正常交往中的单一指向性和排他性。

总之，面对青春期的孩子，老师、家长进行正确的爱情观引导很有必要，我们要多学习家庭教育知识，多去了解青春期孩子的生理、心理特点，才能更好地去应对孩子们"悄悄绽放的花蕾"。

> 学生在学校打架了，被打的学生和家长情绪比较激动，怎么和打人的学生家长沟通？

府学胡同小学　钱洁

一、了解经过，教育学生

教师先去了解两个孩子打架的原委。既要当面询问两个孩子，又要问看到此事的同学，了解全部事情的经过、被打孩子的受伤情况。

教师把两个打架的学生叫到一起，给两个孩子进行调解。帮助孩子认识到：其实他们平时是比较好的朋友，也愿意在一起玩，只不过有了分歧时容易冲动。让打人的孩子认识到动手打同学是不对的，有矛盾了可以找老师解决，或者多让一步。

教师既安慰了被打的孩子，打人的孩子也给被打的孩子道了歉。被打的孩子感觉心里舒服多了，两人表示愿意继续做朋友。教师将这一结果和过程告知家长。

二、积极沟通，达成谅解

此时被打孩子的家长还可能会情绪激动，被打孩子的情绪也有可能会反复，孩子面对老师觉得老师说得有道理，可是回到家里家长觉得自己家孩子受委屈又会勾起孩子的委屈情绪。那么，本着维护两个孩子之间的情谊为出发点，也建议家长间积极沟通，彼此能达成谅解。

教师要引导家长从教育自己孩子的角度多做出改变，打人的这一方理应主动争取对方的谅解，家长要为孩子做出榜样。孩子在事后跟老师说"当时很生气，就想自己不能吃亏"。这种"不能吃亏"是现在孩子的普遍心理，毕竟孩子在家里是全家人捧着的宝，只会被呵护包容，时间长了，孩子就容易形成"不能吃亏"的惯性想法。但这种想法是不利于孩子成长的。"吃亏是福"是有一定道理的，因为无论是逆境失败，还是吃亏委屈都是孩子逐渐走向成熟、养成坚毅性格的一种锻炼。现在，我们可以借此事为教育契机让孩子明白，做了错事要勇于去承担、弥补、挽回，也让孩子明白"退一步海阔天空"。

三、帮助孩子，获得成长

打人的孩子如果是"惯犯"，家长也一定为此苦恼。所以，除就事说事以外，还要多花一些心思和孩子的家长一起去改变孩子。可以给家长一些有建设性的意见，例如，和家长一起指导孩子多做几件关心集体、帮助同学的事情。帮助打人的孩子在同学的心目中树立正面、友好的形象！

孩子之间发生摩擦，老师不要一味地责备，而是和学生、家长一起采取行动去维护同学情谊。将双方家长心中的消极、负面情绪转化为积极、正面的情绪，促使家长积极地面对孩子教育过程中发生的问题，积极配合老师所做的教育工作。

对于此类事件，教育者要做好初步的处理和教育。对所有的学生，无论他是否经常犯错，都本着关爱孩子成长的原则，多去了解、挖掘孩子的优点、潜能，帮他们去塑造最好的自己。这样，家长也一定会愿意配合学校工作，会更为积极地处理好此事。在必要的时候，也要协调双方家长和孩子面对面交谈。在家长和孩子们认同老师的教育观念的前提下，谈话也会收到良好的效果。

> 课间，孩子总在楼道追跑打闹，老师屡次教育也没有改变，怎么和家长谈？

和平里第四小学　徐文

最近在楼道值周的时候多次看到孩子，发现他课间的时候很喜欢和同学在楼道里玩追逐类的游戏。在追逐中还会多次与其他孩子有对抗性肢体接触，看上去他很开心、很兴奋，但是这却让老师很担心。

一、人身安全问题

虽然学校在拐弯处设有照明、保护角等安全设施，但是楼道课间来往人员多、空间小，不方便躲避，易拥堵；拐弯的地方，有视线盲区，也存在安全隐患。

孩子性格活泼好动，但是追逐游戏在楼道里十分危险，在狭小的空间里追逐，孩子施展不开，更容易和他人出现肢体触碰，发生安全事故。

二、同伴关系问题

孩子想与同学玩追逐游戏，这说明孩子希望通过这样的活动与同伴建立连接，他有了自己的交往愿望。但是用什么样的方式与他人建立连接、成为朋友是十分重要的。游戏可以，但是追逐对抗类游戏，掌握不好尺度，容易引发冲突，造成交往上的困扰。我们需要把用什么方式与他人建立和平友好的关系跟孩子讲明白、说清楚，这样才能让孩子拥有真正的友谊。

三、社会规则意识问题

本着"管"不如"疏"的原则，家校合作，一起做好孩子的安全教育，让孩子自己主动调整行为。

1. 让孩子做班级安全排查员。让孩子组织几个同学一起找一找教室、楼道、厕所等区域会出现安全问题的地方，然后给同学们讲一讲，并提出解决方案。同时在家中也让孩子找一找安全问题，家长帮助他一起制定解决方案。在孩子脑海中建立一个安全意识的网。

2. 请家长作为班级特邀安全宣讲员，给孩子们上一节"生命安全第一位"的安全教育课，让孩子做助教完成这次讲解，并以此为契机请更多的家长参与，推出班级"安全小讲堂"的系列活动，让孩子把平时生活中发现的安全问题，在老师、家长的指导下通过表演的方式呈现出来。通过谈论分享，让孩子写出属于自己的"安全小贴士"，有针对性地进行更深入的健康安全教育。

3.家校协同管理，开展"课间游戏设计大赛"。请家长、孩子们一起参与设计一些适合孩子们课间开展的形式多样、简单有趣的活动。

我们要把"生命至上，安全第一"的理念融入其中，让每一位孩子都明白安全无小事。这样一来既能陪伴孩子，又能从中教会孩子学会制定规则、遵守规则，学会与他人交流，建立良好的同伴关系。

发现孩子在校被孤立，怎么和家长沟通？

回民小学　金伊婷

新学期开学已经有一段时间了，通过观察，我发现孩子总是把自己封闭起来。课堂上从来不让老师担心纪律问题，课下也总是形单影只，自己一个人在班里走来走去，几乎从不主动和人交流。

孩子在校参与的是集体生活，这和在家有很大的不同。在集体生活中，孩子能够获得更多的友谊，也能提升语言的表达力。孩子在与人交往的过程中，可以和同伴互相学习，彼此促进和提高。学校是一个良好的集体生活场所，在这里孩子每天都有很多社交的机会。课上，孩子可以参与课堂的讨论；小组活动让孩子有机会和周围的同学一起探讨问题、深入思考。课间，孩子们有自主活动的时间，可以和同伴交流每天的见闻，说一说家里和学校发生的事情以及他们的看法，这些都是孩子们主动思考和表达的过程。学校组织的一些其他集体活动也会让孩子们有更充分的交流时间和机会。

当然，孩子的集体生活并不局限于校内。作为家长，我们也可以观察孩子平时在校外与小伙伴或其他同学的一些交流情况。孩子是否能够主动融入他人？是否可以全身心地投入与他人的交流中？孩子和他人交流的主动性相比于和父母的交流如何？

作为家长，我们在和孩子沟通这件事的时候，不要只是空洞劝慰或一味安抚。家长可以和孩子一起去探讨，"你觉得什么是真正的朋友？能和你成为好朋友的人应该是什么样子的？"孩子接触社会时间短，对这方面感知也许比较模糊。家长可以帮助孩子去思考，真正的朋友应该是善良的，他做事时会考虑到你的想法或心情，同时他应该也是非常值得你信任的。你和他最好还能有一些相同的兴趣，这样平时你们的交流会更多，也更有趣。我们还要传递给孩子一个观念，朋友，其实不需要有太多，但最好至少能有一个特别知心的。家长还可以带领孩子去思考，班级里边有的同学非常受欢迎，他平时是什么样子的？让孩子自己去观察和体会，但是不要告诉他具体要怎么做、做什么。

在学校，对于交往有困难的孩子，老师也要多给孩子一些展示的机会，抓住孩子的优点，对他进行表扬和鼓励，同时也要让更多孩子看到他的长处。老师和同学越来越关注自己，这样能够让他更加自信，也能够重新得到其他同学的认可。同样，作为家长也要多给孩子鼓励，让孩子能够更自信，当孩子和人交往的时候才能更有动力。

我发现班里有的孩子非常喜欢阅读，我通常会表扬这样的孩子，称赞他们这种独立阅读、独立思考的好习惯。慢慢地，我发现班级里很多孩子都默默追随着这些脚步，也在休息时间静下心来捧起一本书，渐渐地喜欢上了阅读。后来，很多孩子不单单是一个人在读了，变成几个孩子凑到一起讨论自己最近在读的书或者是自己看到的一些内容，自己创造了交流的机会。还有的孩子，他们喜欢自己去发明或创新一些小游戏。休息的时候，我看到这些孩子周围总围着一圈同学，孩子们在一起探讨这个游戏怎么玩更有意思、更合理。虽然是娱乐时间，却也是一种互相学习的过程，因为孩子对玩很有兴趣，他们自己发明出一些比较好玩的游戏，或者是更有创意的游戏，愿意分享给周围的同学，通过这些游戏能够吸引很多同学共同参与进来，增加和周围人交流的机会。加入的同学越来越多，孩子们之间的氛围也越来越好。

当孩子遇到社交困难的问题时，老师会与家长一起分析孩子封闭自己的原因，和家长一起想办法帮助孩子打开自我。作为家长，要想真的帮助到孩子，就要和孩子一起面对这个问题。同时也要有充分的心理准备，因为孩子的转变过程可能会很漫长，但即使长路漫漫，一切尽可期待。老师和家长要给孩子充分的支持和信任，相信孩子能够通过自己的转变和他人的帮助，最终化解掉问题，打开自我，主动向前一步。

怎样与家长配合帮助孩子养成良好的卫生习惯？

灯市口小学　杨金琪

孩子的卫生习惯差，这与家长如何引导以及榜样作用都有关系。

一、做到接纳

孩子卫生习惯差，都有成因，所以无论是一个特别爱干净的孩子，还是一个比较邋遢的孩子，作为家长，第一点是要接受他的卫生习惯。毕竟他还是个孩子。

二、挖掘问题本质

作为家长要经常和老师沟通，看看家长在家庭中的生活习惯，是否潜移默化地影响了孩子，孩子往往是因为看到家长是这个状态，所以才会养成这样的习惯。只有配合老师的询问，才能够更好地找到问题的原因，充分挖掘问题的本质。然后再请教老师如何正确引导孩子养成良好的卫生习惯。

三、培养卫生习惯的技巧

在纠正孩子卫生习惯的时候，可以帮助孩子一起制定养成卫生好习惯的小妙招，比如，我们可以帮助孩子一起制定讲究卫生的规矩。举个例子，收拾屋子的时候，让孩子参与其中，让他们有参与感。养成良好的卫生习惯，一定要循序渐进，一开始可以让孩子养成一个比较简单的习惯，如饭前要洗手。家长可以先以示范的方式让孩子跟着一起做，让孩子模仿。像收拾房间这种习惯，他可能一开始很难完成，这时家长可以辅助孩子，这就要求家长自身有一个很好的卫生习惯，然后才能成为孩子的榜样，培养孩子讲究卫生的习惯。

四、要温柔而坚定地沟通

家长在跟孩子沟通时，如果发现孩子有卫生习惯的陋习时，教育孩子一定是温柔而坚定的。举个例子，饭前洗手这件事，家长一定要坚定地让孩子先去洗手再吃饭，一定是温柔地说，而不是去吼孩子，这点很重要。无论孩子愿不愿意听，或者愿不愿意配合，我们都要放低声音。在与孩子沟通时说话低、说话慢、说话钝的效果和气场往往更加强大，比我们对着孩子吼更容易让孩子接受，温柔而坚定的教育，才是与孩子顺利沟通、正确引导他的教育方法。只有这样，孩子才愿意跟你沟通，你说的话孩子才愿意听。

五、适时适度，用小故事去引导

家长可以讲一些关于卫生的小故事正确引导孩子，让孩子从故事中体会到不讲卫生带来的坏结果。往往故事比道理对于孩子来说更有感染力，更能帮助孩子纠正不良的习惯。因为故事，更容易引发人的深思，孩子从故事中发现的道理更能让他们有感触。你给孩子讲的道理，只是灌输给他的，他可能不愿意听。但是孩子从故事中体会出来的道理，可能更愿意接受与执行。

六、可以和孩子进行讲卫生比赛

很多事情只要涉及比拼，孩子参与度就会爆棚。比如，吃饭、晾衣服、收拾玩具，跑步等，只要涉及比赛，孩子就非常积极主动。所以，在帮助孩子养成卫生习惯的时候，可以采用比赛的方式，和孩子去进行叠床单、叠被子、洗澡这样的卫生习惯小比赛。

七、给孩子提供养成卫生习惯的场景

很多家长都知道给孩子随身准备一些纸巾、手绢。其实这也是在帮助孩子养成良好的卫生习惯。

带一些纸巾，提醒孩子，有污渍时及时用纸巾擦拭，提高孩子分清干纸巾、湿纸巾的清洁效果，在家里也可以与孩子交流家中清洁用品的作用。

以上介绍的七种养成卫生习惯的方法，不一定每一条都要做到，但我相信只要家长能够掌握其中几点，并加以应用，一定能帮助孩子养成良好的卫生习惯。

> 在单亲家庭中，孩子缺少母爱，父亲
> 应该怎么办？

光明小学　刘晓茜

与家长沟通时，先了解一下孩子在家有什么缺少关爱的具体表现。通过家长表述评估孩子是不是由于缺少一方关爱而出现行为、心理上的异常。此外，还可以了解一下，孩子父母之间的互动情况是怎样的，这样可以给老师提供参考。

对这个孩子的家庭教育情况有了整体的了解后，再跟家长反馈一下孩子在学校的表现。因为家长之所以感觉到孩子缺少爱，一定是看到了孩子在家独处时的一些反常行为，然而这些行为在同龄人的大群体中可能有不一样的表现。反馈时，要根据家长的表述，说一说孩子在人际交往、学习状态等方面的表现。

在对孩子有了更深入的了解后，建议家长在教育、陪伴孩子时遵循"三要、三不要"原则。

一、家长要做什么

（一）要用语言直接表达对孩子的爱

作为孩子的父母，两人在家庭教育中应该各司其职，各有各的特点。比如，母亲用最直接的语言表达对孩子的爱，在生活中给予孩子无微不至的关爱。父亲要为孩子树立榜样，培养孩子做一个有尊严的人。

在单亲家庭中，如果孩子是跟爸爸一起生活，那么很有可能孩子更缺少的是对爱的直接感受。很多爸爸更愿意在行动中表达对孩子的关心和爱护，这也就导致孩子，尤其是低龄的孩子不能理解这种爱，进而不能感受到爱。所以，建议爸爸平时多用语言去表达。如果孩子的爸爸性格内敛，不习惯直接对孩子表达，那么也可以建议爸爸通过建立权威、培养孩子自尊自爱的教育，给孩子在日常生活中多一些鼓励性的、赞赏性的语言。这样，孩子就可以感受到，自己在生活中的一言一行、点滴进步，都能得到爸爸的关注和喜爱。

其实无论是直接表达爱，还是通过赞赏去鼓励孩子，生活中的语言表达，是每个家庭不可或缺的教育部分。

（二）要用高质量陪伴表达对孩子的爱

在单亲家庭中，孩子爸爸要兼顾家庭和工作，有时候精力有限或者时间不允许，每天陪伴孩子的时间不长。因此建议孩子的爸爸提高陪伴质量。哪怕每天只有一小时能够陪伴孩子，这一小时也要全身心和孩子在一起，有互动、有沟通，那么也能够充分表达爱意，让孩子有安全感。

（三）要创造孩子和妈妈在一起的机会

首先，孩子爸爸需要明白，在教育孩子时应该将大人之间的情感破裂和孩子需要母爱这两件事分别对待。无论什么原因两个人分开了，为了孩子的健康成长，父母双方还是应该建立沟通，让孩子有机会跟妈妈在一起。一方面，可以减轻孩子爸爸对孩子缺少母爱的焦虑情绪；另一方面，孩子多跟妈妈在一起，也可以让孩子感受到自己不是被妈妈抛弃的小孩，在心理上对孩子会有抚慰的作用。

二、家长不要做什么

（一）不要对孩子进行情感勒索

在单亲家庭中，带孩子的一方有时容易将自己的不满情绪传达给孩子。比如，对孩子说爸爸一方面要赚钱养家，要给你提供比较好的生活环境；另一方面又要关心你的学习和生活，爸爸实在是太辛苦了，你不要总是给爸爸找麻烦。或者是对孩子说，你要做一个懂事的孩子，要提前分担家庭的重担，等等，这都属于一种情感勒索。这样会在无形中让孩子觉得，爸爸牺牲了自己的一切，都是因为自己。孩子会有很大的精神压力，而这不是孩子所应该承受的。

（二）不要诋毁对方的正面形象

无论什么原因导致家庭破裂，那都是大人之间的事，在孩子心中，妈妈是无可替代的最重要的那个人，这是人的天性，是无论如何也抹杀不了的。如果家长经常在孩子面前抱怨甚至咒骂孩子的妈妈，那么孩子心里会非常难过，甚至会影响他的人生观、婚姻观。

（三）不要利用孩子来报复对方

在一些极端的例子当中，带孩子的一方通过伤害孩子、冷落孩子来报复离开的另一半。这样做只是在宣泄成人的愤怒，却没有考虑到孩子的感受。孩子的父母要明白，孩子不是人质，更不是报复、伤害对方的工具。孩子的心灵成长需要充满爱意的环境，这样才能养成健全人格。

总之，在给出建议之前，要先帮助家长平复情绪，厘清孩子成长状态，构建一个良好的沟通基础。提供的教育建议，也要力争做到好理解、好操作，这样才能达到最佳效果。

孩子屡次偷拿别人的东西，怎么办？

西总布小学　赵化南

孩子偷拿别人物品大致可分为三种情况：

第一种情况，家庭教育缺失，家长没有告诉孩子未经允许不可以拿别人的东西。在这样的环境中成长的孩子，喜欢别人的物品就拿，不认为自己的行为是错误的。

第二种情况，家庭生活条件不好，物质需求得不到满足。看到同学带现金或使用高级学习用品，在虚荣心驱使下，拿他人财物归为己有。有些家庭父母忙于生计，缺少与孩子沟通，无论孩子的需求是否合理，一律否定、拒绝，孩子也会偷拿家里的钱财。

第三种情况，同伴关系处理不当，用藏东西来捉弄别人。与同学产生矛盾，于是偷藏、拿走他人物品，看着同学焦急寻找，感到开心。有时偷拿的物品无法处理，还会带回家藏起来。

无论是哪种情况，和我们成人认为的，瞒着别人去窃取他人财物性质是不一样的，和严格意义上的偷窃性质是不同的。

当孩子为了满足自己的需求或为了达到不恰当的目的，多次偷拿其他学生或是家里的钱时，我们应该如何与孩子沟通？

第一，面对面耐心沟通，了解孩子行为背后的原因。通过眼神、语言交流，做真挚的沟通，不吓唬、呵斥、辱骂孩子，了解孩子的真实想法。

第二，客观陈述发生的事实，不带有主观偏见。客观陈述我们看到、听到、了解到的情况，不过分强调结果，不倒前账，不流露出反感、厌恶的情绪。

第三，给予孩子百分之百的信任，不给事件定性。沟通时，不使用"偷窃"一词，不以孩子一时的错误，给孩子贴标签。让孩子感受到来自父母、老师的信任。

良好品质与行为的养成不是一蹴而就的，需要长时间的正确引导，我们可以尝试这样做：

1. 从培养好习惯入手。

家校配合培养孩子良好的品质，教育孩子未经允许不能拿别人的物品。如果想看、想借用，要先征得对方同意。

2. 营造良好的生活环境。

家校配合，共同给孩子创设一个安全、轻松、和谐的生活环境，孩子有表达个人诉求的机会，并能得到积极的回应。发现问题既不要过度溺爱孩子，

小学组

229

找各种借口袒护孩子，更不能简单粗暴打骂孩子。前者只能纵容孩子，后者会让孩子产生逆反心理。家长应与老师密切配合，一起分析问题，统一看法，改变不正确的教育方式，耐心引导。孩子感受到被尊重与信任，会更愿意做出改变。

3. 客观面对孩子的不良行为出现反复。

在纠正孩子不良行为时，出现反复是正常现象，我们要正确对待，要有耐心。在纠正孩子行为的过程中，我们要相信孩子是向善的，是可以改正的。面对孩子不良行为的反复，家长要控制好情绪，和孩子一起分析原因，反思家庭教育、与伙伴相处中的问题，共同想办法。家长要不抛弃不放弃，鼓励孩子进步，帮助孩子树立改正缺点的信心。

广渠门中学附属花市小学　郭迎滨

有效沟通，就是通过走访、语言、关爱等方式，有效地表达思想感情，实现家长与老师思想达成一致、互相合作支持的效果。面对孩子的问题，班主任要实现与家长的有效沟通，就要注重做好以下几个方面的工作。

一、前期走访调查

和家长沟通之前先要做好前期走访调查准备工作，因为没有调查就没有发言权。

面对孩子被批评比较委屈的情况，第一步要去接纳和共情，给予孩子一个积极的情感回馈。比如说，"老师看到你很委屈，等你缓和一下，能不能说说发生了什么？""老师看到你这么难过，一定是有你的原因的，你先平复一下心情，等平复好以后，你愿意和老师说说吗？"先关注孩子的情绪。第二步就是去关注和解决问题，比如说，问问科任老师和同学发生了什么。或者等孩子平复以后愿意沟通时，去了解一下事情整体经过。另外，要学会就事论事，保护孩子的自我心理价值。因为犯错其实是一个问题，但是不要把孩子当成一个问题去纠正，把事和人分开，要告诉孩子："老师能看到你的委屈，有可能是科任老师的言语让你不舒服了，也有可能是你希望能让同学去认可你，但是不管怎么样，老师对你的这种态度，可能是因为你这件事违反了课堂规则，没有达到你应该完成任务的目标，对你的教育其实都是希望你能做得更好，因为你确实能做得更好。但不管怎样，老师、家长、同学，都是爱你的。"如果前期调查真的是孩子被老师冤枉了，作为老师是有必要跟孩子道歉、与孩子和解的。

其实每一个孩子都有可能犯错误，但不管是什么错误，最重要的是要让孩子学会有勇气去承担责任。

二、沟通处理解决

当和家长进行沟通时，首先要告诉家长，发生了什么，看到了什么，前期是怎么处理和解决的，先让家长对事情有一个了解。另外，我们也要学会倾听，了解家长的需求。在这个过程当中，可以问问当孩子犯了错误时，家庭的教育方式是怎样的。再有，如果前期调查真的是孩子被老师冤枉了，也要了解家长的需求，在合理的范围内配合和协调。

三、给予方法建议

若孩子被批评后特别委屈，可先和家长达成一个共识，告诉家长在路上或者回家以后，先不要急于去问孩子怎么了，先安抚一下孩子的情绪，多给孩子一些肢体抚触，可以先抱抱他或者摸摸头、拍拍肩膀等。这样既能建立一个良好的亲子关系，也能让孩子在情绪平稳的情况下，去更好地沟通。

等孩子愿意表达时，要给孩子积极的引导和帮助。问问孩子发生了什么？感觉怎样？有什么想法？爸爸妈妈能帮你做什么？……这些问句都能很好地帮助孩子看到情绪、调控行为、找到方法。再有父母也要及时和孩子表达自己的想法和感受，比如，"看到你特别委屈，爸爸妈妈很心疼也很担心。""遇到被误解或者有想法的时候，要在彼此都能好好说话的时候，向老师或家长说出来。""妈妈和爸爸看到你能意识到自己的错误并愿意调整和改变，我们特别开心。"……还可以给孩子设立一个能够达到的小目标，比如，今后尽量减少类似的事情。如果又出现了这样的行为，一定要学会控制和调整。

四、学会沟通诀窍

和家长沟通时，老师一些微小的行为和回应，也能起到特别关键的作用，例如，家长来了主动过去和家长握手；坐下后尽量去面对面，温和平静地交流；学会耐心倾听；跟家长共同协商和探讨；提供问题解决的途径和建议。

景泰小学　雷智慧

作为教师，面对在学校总是欺负同学的孩子，可邀请家长共同参与解决这个问题，教师可进行以下四个步骤：

第一，陈述事实，互通信息，达成基本共识。家长对问题的重视一定建立在对问题的全面认识基础上。比如，家长知不知道孩子在学校有欺负同学的行为？了解到什么程度？我们还要呈现一些具体的事例来告诉家长，孩子在学校与其他同学交往的现状是什么样的。最近发生了哪些事情。注意在跟家长陈述的时候，用语要委婉一些，可以说"同学互动比较活跃""时常有肢体冲突"等。尽量避免使用"欺负"这个词，因为它本身是一个负面描述的词语，容易被家长理解为教师在指责孩子和家长，从而在内心形成戒备和阻抗。教师通过理性表述事实，能够引导家长认识到孩子的问题。

第二，表达关心，预测后果，引起家长重视。

了解情况后，家长往往会立刻转向"我们该怎么办"的焦虑，反而不利于事情的解决。所以教师可以先夸奖一下孩子的优点，让家长减少一些焦虑情绪。接着，告诉家长"欺负同学"这个问题在现在和将来可能会产生的负面影响。首先，这种不恰当的人际交往方式会影响他与其他同学的关系。比如，"这段时间我发现，其他同学会时不时向我报告孩子跟他们之间发生的小冲突，我也观察到，课下愿意跟孩子玩的同学不像以前那么多了。我很担心他不像以前那么受同学欢迎。"其次，这种行为也会造成潜在的安全风险。孩子与其他同学时常发生的这种肢体冲突容易造成彼此的伤害，对双方孩子和家庭都很不好。最后，孩子这种不恰当的交往方式也会影响他的未来发展。通过梳理，引导家长从长远的角度看待孩子的问题。

第三，梳理原因，呈现工作进展，形成家校合力。发现问题后，教师主动积极地尝试对问题加以分析和干预，分享教师在学校已做的工作，让家长发自内心地感受到教师的真诚。

一般爱欺负同学的孩子，可能存在以下几方面的原因（如以男生的视角来分析）：

（1）男生的性别角色和性格特点的影响。男生本身精力旺盛，大部分又性格豪放不拘小节，他们乐于使用一些肢体语言来表达自己的想法或表达与他人的亲近。然而小学生在这种接触中往往掌握不好尺度，导致不被别人理解和接受。尤其是本身不习惯这种表达方式的同学，被这样对待时会觉得被欺负。

（2）家庭教育的影响。大部分在人际冲突中用欺负别人去解决问题的孩子，都是从家庭中习得的方式。因此我们也要了解这个孩子家庭教育的现状。父母是否在教育孩子时也会习惯地用武力来解决问题。孩子在这种家庭环境中长大，总是处在被教育被指责的位置，内心的力量感就会很弱，这种弱小的感觉会让他希望自己在某些情境下是强大的。所以有时候我们会看到，当教师向家长表述孩子在学校的问题行为时，家长会很诧异，觉得孩子在家根本不敢这样做。其实正是学校没有父母强大的压制，孩子才敢通过强势、暴力来展现自己强大的一面，赢得别人对他的注意。这样的分析，能让家长理解孩子当下存在的不恰当行为是有一定的背景和原因的，是可以被理解的。

（3）教师结合对孩子情况的了解，说说已经采取了哪些措施，取得的效果是怎样的。比如，为了让其他同学理解孩子的这种交友方式，每当有孩子过来告状时，老师都会问他们各自的感受和想法，正确引导他们进行良性互动；为了让内心弱小的孩子感受到被尊重，可安排他担任班级中的小干部，在用责任约束他的行为同时，让他感受自己的价值；

抑或充分尊重精力旺盛孩子的特点，在他表现很不错的时候，奖励他到操场上玩玩球等。

通过这样的陈述，呈现教师在这个问题上的努力，激励家长在行动中做出改变。

（4）提供方法，对标原因找策略，落实实际行动。教师引导家长运用恰当的方法和策略帮助孩子培养适应性行为。首先，请家长反观自己的家庭教育模式，是否存在一些问题，要把自己当成孩子的榜样，多倾听，多沟通。其次，在家庭可尝试用角色扮演或者游戏的方法引导孩子建立正确解决冲突的观念，逐渐形成适当的人际交往行为。比如说，针对孩子与他人发生的冲突事件，父母可让孩子在家庭中演一演，随后转换角色再演一遍，体会"被欺负者"的感受，共同讨论更好的处理方式。所以，孩子出现问题后，不应一味批评指责，而是要以此为契机，引导孩子用正确的方式来处理和解决问题。

最后，值得强调的一点是，教师和家长都要对孩子建立合理的期待。孩子已经习得了这种不当的行为方式，要改变起来并不容易，需要家长和老师反复去引导，螺旋式地去改变，中间出现停滞或反复都是可能的。但是不管怎样，都要在这个过程中看到孩子的每一个微小的变化，及时加以鼓励，给孩子蓄积进一步改变的力量。

孩子觉得家长对自己很宽松，没有太高要求，所以面对老师布置的学习任务，总是能推就推，怎么办？

培新小学　温静

　　孩子的这种表现是一种长期的行为，表现在学习的各个方面。首先排除两种特殊情况：一种情况是有的孩子个人学习能力有限。部分学科类学习存在困难，家长经过指导发现作用不大，慢慢接受现实，顺其自然，对孩子没有过多要求。还有一种情况是孩子家庭条件较好，父母对孩子今后的发展有规划，对目前阶段的学习成绩没有要求。我们界定问题中的这个孩子应是有一定学习能力的，家长面对现在的教育大环境，觉得应该对孩子宽松一点，不想孩子压力太大，健康最重要，开心就好。

　　家长的想法可以理解，但是过于宽松，真的可以让孩子得到快乐吗？宽松快乐的背后，在现实中其实有很多负面影响。主要表象就是学习上没有上进心，学习动力不足。小学低年级学习动力不足展现得不明显，一旦进入中高年级，特别是到了初中，长期的懈怠就会影响学习效果。

家长从内心来讲是重视孩子学习的，对孩子要求宽松，也是因为希望孩子有一个健康的身心，然后投入学习。但是由于年龄所限，家长的初心孩子并不能真正理解，所以在习惯养成的重要阶段，宽松就会导致懈怠，学习上没有目标感，这与家长的初衷背道而驰。推托，不仅体现在学习上，也体现在其他事情上，久而久之会成为一种习惯。对于集体认同感和归属感有所缺失，什么事都不愿意去做，慢慢地就会不能融入集体的学习生活。在学校生活当中，跟同伴之间的合作学习是常见的，如果孩子总是在推托，不完成老师布置的学习任务，不能也不想在小组里交流展示学习成果，缺少了和同学合作的机会，人际交往也会出现问题。孩子在学校发生的一些事情可能是家长想不到的，不能参与集体学习的失落和尴尬，与"我想让孩子快乐"的初心肯定是相悖的。

要想改变孩子的现状，应该先从家长的改变开始。每个孩子内心都渴望被认同，渴望展示自己。家长应该了解到孩子真正的需求是什么，根据孩子的实际情况和家长自身的指导力，对孩子的学业有所规划。可以宽松，但是宽松要有度。这个度是什么？就是老师布置的学习任务要完成。这是学习态度，是学习习惯的养成，孩子要有自己的目标，到了高年级之后才能够有良好的状态，才不会觉得学习压力越来越大，不会有厌学的心理。家长的态度对孩子的行为有着非常重要的引导作用。

家长的宽松可以是心理上的宽松、环境上的轻松，对孩子不苛求，当孩子遇到学习的瓶颈期时耐心引导，给予鼓励，营造积极的学习氛围，但具体的行为上要有目标、有规划，张弛有度。和孩子一起制定出符合自己学习能力的目标，目标设定小一些，是能顺利完成的目标，孩子可以及时感受到完成目标的喜悦。孩子知道每天应该做什么，家长和孩子一起为实现目标制定具体规划，记录每天的时间安排，以及完成一件事、写完一项作业所使用的时间。细心的家长可以梳理出孩子在学习过程当中的明显变化，并把这个明显变化以图表或者时间轴的形式展示给孩子，让孩子切实看到自己的改变，让孩子在其中发现自己的进步。成功的经验慢慢积累起来，有效提高孩子的自信，提高孩子的学习效率，就能够解决孩子学习上的推托与懈怠。

在这个过程中离不开家长的督促与鼓励，督促可以让孩子时时警醒，纠正自己不当的行为。适时的鼓励能够增强孩子战胜困难的勇气和信心。在积极向上的氛围中孩子更有想法、更勇敢，也更加有冲劲儿，心里充满阳光，学习上有积极性，也就不会推托学习任务。在良性循环下，孩子不断成长，抗压能力不断增强，学习有动力、有自信，有愉快的体验，这才是孩子该经历的学习过程。

> 孩子情绪控制较弱，经常会因为一些小矛盾痛哭，或者动手去打同学怎么办？

史家胡同小学　吴丽梅

一、描述孩子的状态，引起家长重视

孩子在学校难以自控的情绪表达方式已经严重影响到课堂教学或者他的人际交往状态。我们需要不带情绪和评价地向家长描述孩子的状态及事实，让家长了解他在什么情况下情绪崩溃、大哭，什么情况下会打人，然后听听家长对这件事的理解。

例如，"我发现孩子在学校的时候情绪不受控，当他考不了自己期待的成绩，或者感到自己不被重视就会号啕大哭，甚至发脾气、扔东西，突然和同学发生冲突等。您怎么看待他的这种行为？"然后，我们听听家长的理解和解释。

二、和家长探讨，了解家长的教养方式和理念

向家长表达自己希望孩子进步的意愿，和家长

达成一致，了解孩子在家的状态、家长的教育理念和方式，了解分析孩子行为背后的成因。

例如，孩子在家是什么样的状态？在家遇到类似的事情，也会这样表达吗？当孩子犯错误，出现了一些和我们意见不一致的情况时，您是怎么对待孩子的？

三、普及一些基本知识，给家长一些合理建议

根据孩子的年龄特点和家长的需要，普及一些基本知识。低年级的孩子自主意识可能刚开始形成，他可能不会表达自己的内心想法，仅会通过肢体或者发生冲突的行为来表达他的一些不满和诉求。例如，他碰见了不顺心的事或者被同学、老师甚至家长误解，没有人听他解释，不知道怎么来处理情绪。还有一种就是用发脾气、打人的方式去引起别人的关注，满足自己的需求。中高年级孩子情绪失控往往是因为在生活中有太多的情绪没办法进行合理的发泄，没有一个正面的示范。他的情绪积压了，但不知道怎么表达，就会用冲动、冲突的方式。我们的目的不是告状，而是希望和家长一起解决孩子出现的问题，毕竟这种情况已经影响孩子的班级形象、人际交往，我们需要帮助孩子。如果家

长以打骂管控的教育方式为主，建议家长先学习表达和倾听。如果家长认为孩子在家挺好，没有这些情况，那我们也表示理解。但仍可建议家长在孩子有情绪的时候，先不忙着讲道理，让他在一个安全的空间待着，等他冷静了，再了解他的需求到底是什么。让孩子多表达，家长多鼓励，多与孩子沟通，告诉孩子有情绪是正常的。也可以尝试给孩子讲一些故事，让孩子从故事中获得解决问题的力量。有的男孩子精力比较旺盛又特别易怒，可以通过运动来发泄精力。

四、表达学校老师的感受和要求

如果家长觉得孩子在学校受了委屈或者希望老师能多表扬孩子，我们也表示非常理解，可以承诺家长在校会多给孩子一些表达的机会，然后提出自己的请求：从家庭出发，按照以上建议共同努力，一起帮助孩子学习管理情绪。

想要帮助孩子调整情绪，一两次对话是不够的，后续还需要老师反复和家长进行沟通，向家长传递希望，并激发家长一起行动的力量。例如，"今天孩子上课整体很好，有一个环节，我观察到他当时有一点委屈，但是后面他还是很平静地上完了整节课。您在家里最近做了什么吗？您是怎么做到的？"给家长一些支持，让家长能够不断重复那些正确的教育行为。这样比单纯地投诉"今天孩子特别不好，我想跟您说说，这样下去可不行"，更能够得到家长认同，也让家长有动力配合学校。

校长读后感

读后感

北京市东城区春江幼儿园党支部书记、园长
倪彦鹏

2018 年 9 月 10 日习近平总书记在全国教育大会中指出，办好教育事业，家庭、学校、政府、社会都有责任。家庭是人生的第一所学校，家长是孩子的第一任老师，要给孩子讲好"人生第一课"，帮助扣好人生第一粒扣子。教育、妇联等部门要统筹协调社会资源支持服务家庭教育。全社会要担负起青少年成长成才的责任。重视家庭教育，密切家校联系，构建学校、家庭、社会协同育人格局，是认真贯彻落实党的二十大精神的一项举措。家庭教育工作开展得如何，关系到孩子的终身发展，关系到千家万户的切身利益，关系到国家和民族的未来。儿童青少年在成长和发展过程中，其人格发展、心理健康等多个方面会存在一些问题，会遇到让家长或老师感到担心焦虑的情况，这很正常，只要学校和家庭教育密切携手，相信一定会为孩子的健康成长成才助力。

东城区在推进家校社协同育人方面一直进行着积极的探索，在《家庭教育难题60解》一书中，涵盖了广大家长们关心的学习习惯、生活习惯、情绪问题、身体健康、人际交往、自理能力、行为问题和思想道德等多个方面的问题，针对问题，东城区组织部分家庭教育指导师进行专业解答。从问题的提出可以看出，在孩子的成长过程中，家长们从过去"重智轻德""重身体健康轻心理健康"的家庭教育理念偏差逐渐进行着转变，从最担心孩子的学习情况到关注孩子的心理健康，家庭教育的目标和内容悄然发生着变化。而作为学校和教师，更应顺应这种变化的要求，协同家长一起解决孩子在发展过程中的种种问题。

在解答过程中，能看到教师专业的引领、细致的分析，最终找到解决问题的方法和策略。如孩子喜欢刷手机，家庭教育指导师告诉我们要弄清孩子刷手机的原因，是因为缺少朋友，需要交往才用手机聊天，还是需要刷视频玩游戏来释放压力，抑或别的方面的原因，等等。家庭教育指导师们根据不同阶段儿童的年龄特点和心理特点来分析问题、解决问题。问题的解答中蕴含着教育理念和方法，更包含着丰富的心理学知识，相信一定会对广大家长朋友们有启发，能够对解决困惑和问题有帮助。

特别欣喜的是，这本书既能够满足广大学生家长的需要，更能够满足广大青年教师特别是班主任和学校自身发展、推动家校共育的需要。书中的一些问题正是部分缺乏工作经验的老师需要学习和借鉴的内容，如"怎样与家长沟通孩子的思想道德问题？""如何解决家长对老师的质疑"，等等。这些在工作中比较棘手的问题，大多能够在书中找到答案。

在阅读本书后，我深深感到：在家校社协同育人发展过程中，学校和教师需要形成一种"大教育"的理念。在新时代要能够主动承担起开展家庭教育指导服务的工作职责，帮助家长树立正确的家庭教育思想，纠正一些不正确的教育理念，指导家长改变错误的家教态度和方法，帮助提升家长家庭教育能力，让更多的家长认识到：立德树人是家庭教育指导的根本方向，为国教子是家庭教育指导的历史使命，终身教育是家庭教育指导的重要途径，全面发展是家庭教育指导的重要目标。

当然，教师的家庭教育指导服务能力也需要通过多种形式不断地学习和实践，从而不断获取和提升；学校更要思考家庭教育指导服务工作的系统化、规范化，提高指导工作的精准性和科学性，保障家庭教育指导服务的质量，拓宽家庭教育指导服务的类型。

◎ 校长读后感

读后感

北京市东城区大方家回民幼儿园党支部书记、园长　宋晶晶

作为教育人，尤其作为学前教育人，时常听到家长诉说孩子学习与发展中的各种苦恼与困惑——"孩子是越来越难教育!"那么，父母作为孩子的第一任老师，至少要陪伴孩子二十五年，甚至更长时间，令父母最为焦虑的是，怎么在童年时期为孩子将来良好的发展奠定坚实的基础?

从这本书里，我看到了幼儿园教师和小学教师多年家庭教育的经验，看到了新时代背景下家长对孩子高质量发展的真切关注和期望，60多篇案例，聚焦了儿童成长中长期困扰家长的难题解答，具有实用性、典型性、指导性。

实用性。书中案例都来自教师长期以来开展家庭教育指导的真实案例，也是家长焦虑的问题，比如，"自理能力差，不动手""遇事就哭喊""不能坚持做完一件事，容易放弃""做事磨蹭学习拖

拉"……让家长在"斗智斗勇"中感到身心疲惫，教师正是基于对这些问题的探索实践、潜心研究，给了家长比较实用的方式方法，可直接拿来运用。

典型性。书中案例中提出的问题是广大家长最为头疼的困惑，比如，孩子情绪情感问题、心理问题：与家人同学相处中自我中心、缺乏自信、注意力不集中；能力问题：生活自理能力差，依赖性强；等等。满足了广大家长教育培养孩子的需求。

针对性。从60多篇的案例中可看出，每篇案例都来自家长的困惑，针对困惑，教师进行了深入的理性分析并提出了可行性的建议，困惑的家长都可以从中找到适合自己的一款"锦囊"，相信家长在运用锦囊妙计的过程中一定能感受到孩子变化成长带来的喜悦。

指导性。面对家长的困惑问题，案例中从孩子的具体表现分析原因，然后从孩子心理特点、年龄特点、家庭社会环境、养育方式等不同层面进行分析，帮助家长理解造成这个问题的原因是什么，最后从各个方面给出建议妙招，在实践运用中丰富了家长家庭教育的经验，增长了家庭教育知识，并逐渐转变家庭教育观念，顺应新时代背景下儿童成长的家庭教育理念，家长的家庭教育水平得到提高。

作为教育人，我们永远和家长站在一条战线上，落实立德树人的根本任务，助力孩子的健康成长和全面发展，促进家庭教育更具时代性、更加专业化。

读后感

北京市第五幼儿园党总支书记、园长，北京市第五幼儿园分园、北京市东城区崇文幼儿园园长 邹平

《家庭教育难题60解》是东城区开展家庭教育指导师培训工作的精华总结。第一篇章"家长向家庭教育指导师咨询学生各类问题，寻求解决办法"和第二篇章"学生在学校出现的各类问题家庭教育指导师与家长沟通交流，协同解决应对策略"都是家长最为关注的教育难题，有很强的现实意义。

读毕学前和小学各位老师的文章，家校共育的智慧熠熠生辉。细细思索，我觉得健康和谐家校关系的建构是家庭教育指导发挥效用的关键。我们应当从根本上改变对家庭和学校之间关系的认知，将家校关系建立在家校共育之上，把家庭作为教育孩子的平等主体，把家长作为教育的合作者，并更加重视与家长的教育合作，携手促进孩子的健康成长和发展。做好这一点，必须从两大主体的成长出发。

从教师方面来说，我们要更加深刻地去思考什么样的老师才是一个好老师，如何成为一个会跟家长沟通的好老师。教师与家长的沟通，其实是存在一个辩证法逻辑的。

一是要调整自己的情绪，所有的沟通都是先通情再达理。要重视家校工作中教师和家长的情绪体验。教师在与家长沟通中会付出很大的精力，其中难免有情绪的波折，有时候甚至是自觉有一点"忍辱负重""付出最大的素养来保持微笑"，但这也是一名专业的教师必须做到的。如何在冷静自持之后寻找到情绪转换的化解之法，既是学校管理者的必修功课，也是教师专业素养的应有之义。

二是要在与家长共情的基础上保持自身的专业理性。理解家长、能设身处地站在家长的角度去思考问题很重要，但只是温和、只是一味地说"好"是不够的，我们要用专业的指点"征服"家长，让我们的专业性成为促进家长愿意参与孩子教育的最有力量的"法宝"。

从家长方面来说，我们要帮助家长将家庭教育回归到为了孩子的幸福的本质上。家长作为父母，最应该反思的是自身有没有对孩子投入不带功利目的的爱，有没有营造好的家庭氛围，有没有关注孩子的情绪、满足孩子的依恋需要，有没有调试自己的期望，有没有分析孩子成长中的表现和背后的生理、心理原因。家校沟通是协同育人的基础。家长也应当主动发起与教师和学校、幼儿园的沟通。我们应该让家长知道，可以从以下几个方面加强与教师的沟通：

一是认识到家校共育中教师与家长之间是平等协作的关系，彼此之间应相互信任、互帮互助、真诚相待、共同育人。

二是主动承担家庭教育责任，由"家长志愿者"转变为"家长教师"，不断拓展自己参与幼儿学习的维度。多问问教师在班级组织特色教育活动，或是新年、六一等大型活动周的策划实施，日常来离园的秩序维护中，是否需要家长参与，根据自身情况多加入学校教育活动中。

三是信任学校和教师，客观看待教师对孩子情况的反映，树立与教师的共同目标——为了孩子的健康成长，相信教师和自己都是为了这一目标聚在一起进行沟通的。

教师和家长，是孩子成长中产生影响的重要他人；反之，教师和家长也要全力使自己的重要他人——孩子，获得真正的幸福。成为一个会跟家长沟通的好老师，以及有意愿、有能力开展家庭教育指导的好家长，难或不难，在于我们每个主体人的选择和努力之间。

读后感

　　北京市东城区板厂小学党总支书记、校长，北京汇文实验小学朝阳校长　冯雅男

　　小学生是一个个成长中的个体，处于身心迅速发展阶段，也是人生奠基阶段，他们的健康成长是国家和民族的未来与希望。家庭对孩子在身心健康、习惯养成、社会交往、人格发展等方面的影响至关重要。2022年1月开始施行的《中华人民共和国家庭教育促进法》是我国首次就家庭教育进行专门立法，也意味着将家庭教育由传统意义的"家事"上升为重要的"国事"，引导全社会注重家庭、家教和家风，增进家庭幸福与社会和谐，培养德智体美劳全面发展的社会主义建设者和接班人。

　　在当前社会快速发展，生活、学习方式不断调整的环境下，小学生的心理健康、行为习惯、亲子关系、同伴关系、师生关系都遇到了新的挑战，家长在养育孩子的过程中也遇到了很多共性和个性化的问题，家长急需得到系统的支持和指导，如理解

不同年龄阶段孩子的身心发展规律和特点，掌握促进孩子习惯养成、人际交往、心理健康等方面的具体策略和方法。

同时，家庭教育能力提升还需要学校、家庭、社会的协同促进，发挥各自的优势和资源，创设良好的成长环境。教师也需要具备指导家长的能力，但大部分教师在职前职后培训学习中，这方面的知识和能力储备还存在欠缺，因此学校和教师也急需操作性的方法、支持和指导。

在阅读了《家庭教育难题60解》书稿后，惊喜地发现本书正是回应了上面几个挑战和问题。首先，问题具有典型性。本书梳理和提炼了小学阶段孩子在行为、交往、情绪等方面的典型表现和问题，这些问题也是困扰家长的同性问题，因此家长阅读起来有代入感和亲切感，能够引发家长的兴趣和深度阅读的动力。其次，分析具有科学性。对小学生行为背后的多种原因及可能性进行了细致具体的分析和解释，为家长全面、客观地了解孩子提供了科学的依据，指导家长拓展自己原有的认知方式和思维方式，为家长提供理解孩子的多元视角，找到更多与孩子有效沟通的途径和可能性。最后，方法具有操作性。在科学分析的基础上，给了家长和家庭教育指导者的具体解决问题的策略和方法，这些方法深入浅出，贴合家长教育的实际场景，家长容易操作和练习，也提升了家长面对挑战和解决问题的信心。

《家庭教育难题60解》可以作为家长养育孩子过程中的重要自助学习资源，同时也可以作为学校开展家长课堂和教师提升指导家长能力的重要工具，成为学校、家庭、社会协同助力学生全面发展的重要桥梁。

读后感

北京市东城区府学胡同小学党委副书记、校长
滕亚杰

《礼记·大学》有言：身修而后家齐，家齐而后
国治，国治而后天下平。中华民族受到儒家文化影
响，自古以来就特别重视家庭教育，良好的家庭教
育可以更好地培育下一代，对于国家和社会的发展
具有促进作用。2021年10月颁布的《中华人民共和
国家庭教育促进法》意味着各中小学校、幼儿园的
班主任将要发挥社会协同作用，对家长进行家庭教
育指导，由此可见，学校的家庭教育责任已经上升
到法律的高度，学校承担家庭教育指导是大势所趋。

北京市东城区作为"家校社协同育人实践研究
示范区"，有一支专业的家庭教育指导师，他们是学
生品德教育的示范者，学生家庭教育的参与者、共
建者，《家庭教育难题60解》收录了几十位小学、
幼儿园家庭教育指导师解决学生成长问题的案例，
这些案例呈现以下特点：

一、了解情况，把准"脉搏"，提出有效的教育建议

教师的沟通能力越强，获得的家庭教育信息就越多，就越容易获得家长的信任，越容易与家长达成教育共识。从多篇案例可见，教师积极了解学生及家庭情况，良好的沟通促进情况了解及问题分析，有效进行家庭教育诊断。教师通过语言、文字等媒介，对家长的教育观念和教育行为施加影响，从而帮助家长解决家庭教育中存在的具体问题。教育诊断是教育咨询的前提，只有把准"脉搏"，准确分析当前家庭教育的现状才能"对症下药"，提出具体可行的家庭教育策略。

二、个体指导，深度交流，提高家长的教养水平

无论是小学教师还是幼儿园教师都是教育专业人员，从一个个家校沟通案例可以看出，老师们具有科学的教育理论知识与技能，并且积累了丰富的带班育人经验，是家长教养孩子的合作者、协助者，教师发挥家庭教育指导者的作用，广泛深入地开展家庭教育指导工作，有针对性地帮助家庭提供指导服务，帮助家长树立科学的教育观念，提高教养水平。

三、双向沟通，家校合力，擘画教育同心圆

教师与家长的合作不是简单的双方信息交流，教师根据学生情况或家长咨询的问题对家长进行了家庭教育的专业指导。专业的家庭教育指导使家长更全面了解孩子各阶段的成长任务，理解学校的教学方式和教育目标，也使教师取得家长的信任，与家长达成教育共识，同时也能帮助家长掌握科学的教育方法，使家长科学有效地与教师共同制订有针对性的教育计划，与学校共同形成更强的教育合力。

综上所述，教师是学校家庭教育指导工作的主要承担者，通过传递科学教育理念、传授教育教学技巧、传播学生发展规律的知识、分享学习进度和要求等，帮助家长科学地参与孩子的成长。

读后感

北京光明小学党总支书记、校长 廖文胜

　　此书是在北京中小学德育研究会及吴甡校长的指导下，东城区组织家庭教育指导服务师编辑而成。本书充分展现了区域家庭教育指导服务队伍高度的专业化能力。家庭教育指导服务师队伍都来自各所学校的一线教师，这支专业化队伍的成长，充分体现了东城区家庭教育指导服务师培训课程的显著成效。相信这支队伍能够在东城区家校社协同育人示范性实践研究区建设中发挥种子作用，提升家校协同育人精准度。

　　《家庭教育难题60解》一书选题视角新颖，以学生成长为落脚点，以家校协同为切入点，有助于家长和老师进一步发现、认识和理解学生。本书既有助于家长提升自己的家庭教育能力，也有助于一线老师提升自己的家庭教育指导能力。

　　本书所选的家庭教育问题，包含了学前和小学两个学段的学生成长问题。既包括学生在家庭中出现的问题，也包括学生在学校中出现的问题，问题涉及面广，同时聚焦学生成长的核心问题，非常具有典型性。比如，孩子做事拖沓，写作业磨蹭，效率低怎么办？孩子上了高年级，不愿意和家长说学校的事情了，怎么办？

本书并没有介绍高深的教育理论，而是把教育理论巧妙地融入了实招妙招，内容通俗易懂。在写作方法上采取一问一答的方式，家庭教育指导服务师的回复共情家长，娓娓道来，方法非常具有实操性，充分体现了学校与家长在教育中的合作伙伴关系。通过阅读这本书，我们又进一步加深了对学生的认识和理解。作为小学段的老师，也进一步认识了学前段学生，这非常有助于做好幼小衔接工作。

布朗台布伦纳发展心理学生态系统理论指出，儿童的发展具有动态性，家庭与学校的相互作用设定了儿童的发展路线。本书非常有助于我们通过家庭和学校两种视角进一步发现、认识和培育学生。相信每位家长和教师都能通过阅读这本书受益良多，本书非常值得一读。

读后感

北京市东城区史家教育集团党委书记、总校长，北京市东城区史家胡同小学党总支书记、校长，北京市东城区革新里小学校长　洪伟

习近平总书记指出："家庭是人生的第一所学校，家长是孩子的第一任老师，要给孩子讲好'人生第一课'，帮助扣好人生第一粒扣子。"家长是实施家庭教育的主体，家庭教育是国家发展、社会进步、社会和谐的重要基点。但是，从家庭教育的现实处境来看，家庭教育中存在"教育放任""教育过度""家庭教育学科化"等现象。新生代家长们（80后、90后）带着他们对教育的热情与迷茫对高质量教育提出了更高的要求。

与此同时，《中华人民共和国家庭教育促进法》的颁布与实施标志着家庭教育从"家事"上升到"国事"，从这一点来讲，明确了学校家庭教育指导服务的内涵要义与重点任务，家校社协同共育的边界需要重新定义，教师们也须参与家庭教育指导

服务工作，成为提升家庭教育质量的生力军。因此，教师成为家庭教育指导服务师是新的职业能力发展要求，是拓展教育公共服务的一种专业指导与支持，更是丰富家庭教育结构而将其有机地融入学校育人体系的时代选择。

东城区作为家校社协同育人实践研究示范区，具有前瞻性、建设性地致力于家庭教育指导服务师队伍的建设，提升区各校家庭教育指导服务师的专业能力。可以说，这本书的诞生凝聚了来自教育一线教师们的思考和智慧，更是东城区家校社协同育人实践的真实写照。

本书最让我想推荐的有两点：

一是本书涵盖了家长和教师的双向视角。本书的架构思路分为两个篇章。第一篇章是家长向家庭教育指导师咨询学生各类问题，体现家长的主动性和迫切需求。例如学前组《幼儿在外人面前表现乖巧，在家里霸道怎么办？》。第二篇章是学生在学校出现各类问题，家庭教育指导师如何与家长沟通，协同解决应对策略，弥补家长在家庭之外看不到的教育缺憾。例如小学组《孩子在学校不能遵守纪律，总和同学有矛盾，追跑打闹，动手打人，怎么办？》。这两个篇章的架构设计表明本书不仅是给家长的礼物，更值得广大教师们从中汲取家庭教育的养分，掌握教育的主动权，学习与家长沟通。

二是本书关注了家长和教师的真实需求。书中问题是经过家庭教育指导师们的研讨和投票才编入本书的，有的是一线教师经常被家长咨询的问题，例如学前组《孩子回到家后总讲述不清幼儿园的情况，作为家长感到很焦虑，怎么办？》，有的是教师们观察到学生的行为表现需要关注，但是不知道怎么和家长提出，容易触碰沟通"雷区"的问题，例如小学组《学生在学校打架了，被打的学生家长情绪比较激动，怎么和打人的学生家长沟通？》。认真阅读，你会发现，从理论到实际操作，从情绪安抚到诚恳建议，字里行间体现出一线教师的真诚与热忱、专业与规范。

总之，新时代家庭教育指导面临着新的机遇与挑战，家校社协同共育给我们提供了坚实的依靠。希望每一位家长和教师都能认识到自己蕴藏的巨大教育智慧和能量，聚力创拓"家庭、家校、家国"教育同心圆，在把孩子培养成社会主义合格建设者和接班人的道路上携手同行。

读后感

北京市东城区西中街小学党总支副书记、校长
中央工艺美院附中艺美小学校长　张连洁

　　2021年10月23日公布的《中华人民共和国家庭教育促进法》中明确提出要"建立健全家庭学校社会协同育人机制"，将家庭、学校和社会教育三方面深度融合、协同共进，发挥各自育人主体的优势，形成长效育人合力，落实立德树人根本任务，推动新时代教育高质量发展。

　　多年来，西中街小学始终重视家庭、学校、社会教育协同，资源带成立后，更是不断完善、实施家校社三位一体育人机制。2020年，在东城区教育委员会的指导下，西中街小学优质资源带不断深化学校家庭教育指导服务专业队伍建设，加强对家庭教育指导师的专业培养，参与家庭教育指导服务工作，畅通学校家庭沟通渠道，推进学校教育和家庭教育相互配合，努力促进家庭、学校、社会教育达成思想一致、目标一致、行动协同。目前输送17名

干部、教师完成4期北京市家庭教育指导师的培训，取得北京市学校德育研究会北京市中小学家庭教育指导教师证书，促进了家校社协同育人水平的不断提升。

在家校社协同育人过程中，亲密、和谐的亲子关系对于孩子的健康成长起到关键性作用。东城区教委正是以此为核心，在开展家庭教育指导师培养的同时，组织编写了《家庭教育难题60解》家庭教育指导系列读本，我校德育主任李云飞有幸携手东城区60多位家庭教育指导师共同参与本书（幼小卷）的编写。这本书精选了日常最具代表性的60多个真实、鲜活的家庭教育指导案例，涵盖了教师、家长遇到的学生习惯养成、能力培养、社会交往、情绪管理、情感交流等各种教育难题。在各位家庭教育指导师日常细致观察，与学生、家长充分沟通交流的基础上，通过情景再现，由表及里地深挖成因，解密教育学的底层逻辑、学生成长的年龄特点和身心发展规律，用丰富的经验和教育理念有的放矢地为家长提供解决问题的方法和策略，帮助家长掌握理解、接纳、沟通、榜样示范、正向激励等多种教育方式，引导家长合理选择运用有效的教育方法，与学校密切配合，携手并肩，攻克一个个教育难题，共同努力为孩子们提供良好的成长环境和发展空间，让孩子在和谐的家庭氛围中健康成长。

《家庭教育难题60解》堪称家庭教育指导"保姆式"教科书，是帮助家长在面对孩子成长过程中的各类难题时梳理情绪，建立解决问题的信心，转变教育观念，提升家庭教育水平，运用科学的方法进行有效的亲子沟通的工具书，具有针对性、实用性和可操作性的特点。家庭教育指导师在给出具体化解决问题方法的同时，也揭示了家庭教育中的普遍教育规律，每一个案例都通俗易懂，值得细细品读；每一条解决问题的建议都行之有效，值得深深体会。《家庭教育难题60解》同时又是促进教师与家长沟通协同育人的参考书，也是家庭教育指导师接续培养的辅助用书。

愿《家庭教育难题60解》这本书成为家校协同教育的新桥梁，也希望家长、教师共同学习、彼此成就，为孩子全面健康成长撑起更加湛蓝的天空！